Atef Gharbi
Amel Elgharbi

Conception d'un Système Manufacturier Flexible à base Multi-Agents

Atef Gharbi
Amel Elgharbi

Conception d'un Système Manufacturier Flexible à base Multi-Agents

Éditions universitaires européennes

Impressum / Mentions légales
Bibliografische Information der Deutschen Nationalbibliothek: Die Deutsche Nationalbibliothek verzeichnet diese Publikation in der Deutschen Nationalbibliografie; detaillierte bibliografische Daten sind im Internet über http://dnb.d-nb.de abrufbar.
Alle in diesem Buch genannten Marken und Produktnamen unterliegen warenzeichen-, marken- oder patentrechtlichem Schutz bzw. sind Warenzeichen oder eingetragene Warenzeichen der jeweiligen Inhaber. Die Wiedergabe von Marken, Produktnamen, Gebrauchsnamen, Handelsnamen, Warenbezeichnungen u.s.w. in diesem Werk berechtigt auch ohne besondere Kennzeichnung nicht zu der Annahme, dass solche Namen im Sinne der Warenzeichen- und Markenschutzgesetzgebung als frei zu betrachten wären und daher von jedermann benutzt werden dürften.

Information bibliographique publiée par la Deutsche Nationalbibliothek: La Deutsche Nationalbibliothek inscrit cette publication à la Deutsche Nationalbibliografie; des données bibliographiques détaillées sont disponibles sur internet à l'adresse http://dnb.d-nb.de.
Toutes marques et noms de produits mentionnés dans ce livre demeurent sous la protection des marques, des marques déposées et des brevets, et sont des marques ou des marques déposées de leurs détenteurs respectifs. L'utilisation des marques, noms de produits, noms communs, noms commerciaux, descriptions de produits, etc, même sans qu'ils soient mentionnés de façon particulière dans ce livre ne signifie en aucune façon que ces noms peuvent être utilisés sans restriction à l'égard de la législation pour la protection des marques et des marques déposées et pourraient donc être utilisés par quiconque.

Coverbild / Photo de couverture: www.ingimage.com

Verlag / Editeur:
Éditions universitaires européennes
ist ein Imprint der / est une marque déposée de
OmniScriptum GmbH & Co. KG
Heinrich-Böcking-Str. 6-8, 66121 Saarbrücken, Deutschland / Allemagne
Email: info@editions-ue.com

Herstellung: siehe letzte Seite /
Impression: voir la dernière page
ISBN: 978-613-1-56237-2

Résumé

La conception d'un système manufacturier flexible à base d'agents (SimMAV) met en jeu un ensemble d'agents représentant les machines, les véhicules autoguidés et les produits, coopérant ensemble dans le but de simuler le fonctionnement du système et tester l'efficacité de la production.

Pour l'ordonnancement des différents produits, deux méthodes ont été appliquées : une méthode exacte (procédure de séparation et évaluation) et des méthodes approchées (le recuit simulé, la recherche tabou et l'algorithme génétique). Des études comparatives ont été menées entre les différents algorithmes d'ordonnancement développés afin de distinguer le plus performant tout en utilisant le simulateur SimMAV.

Les mots clés : simulation, système manufacturier flexible, ordonnancement, multi-agent.

A tous ceux qui me sont chers.

Table des matières

Table des figures

Liste des tableaux

Liste des abréviations

AG	:	Algorithme Génétique
AGV	:	Automated Guided Vehicle (Véhicule autoguidé)
AUML	:	Agent Unified Modelling Language
Cmax	:	Makespan (durée d'exécution totale)
CNP	:	Contract Net Protocol
FS	:	Flow Shop
IA	:	Intelligence Artificielle
IAD	:	Intelligence Artificielle Distribuée
JADE	:	Java Agent DEvelopment platform
NEH	:	Nawaz, Enscore & Ham
PSE	:	Procédure de Séparation et d'Evaluation
RS	:	Recuit Simulé
RT	:	Recherche Tabou
SMA	:	Système Multi-Agent
SMF	:	Système Manufacturier Flexible
UML	:	Unified Modelling Language (langage de modélisation unifié)

Introduction générale

Les Systèmes Manufacturiers Flexibles (SMF) attirent de plus en plus l'intérêt des industriels et ceci grâce à leurs avantages indéniables notamment en terme de flexibilité et d'adaptablité.
Cependant, leur implémentation avec succès est aujourd'hui une tâche difficile vu leur complexité croissante.
En effet, les systèmes manufacturiers flexibles présentent des difficultés d'implantation et d'exploitation. La notion de pilotage recouvre l'aspect suivant : communiquer au système un ensemble de paramètres lui permettant de fonctionner. La détermination de ces paramètres consiste en un ensemble de prises de décision qui agit sur l'efficacité du système.
Ainsi, face à ce système complexe caractérisé par l'interaction de plusieurs paramètres, le décideur n'est pas capable de déterminer les valeurs des variables de décision en se basant uniquement sur son expérience ou sur son savoir faire.
Pour remédier à ces difficultés, plusieurs équipes de recherche et de développement se sont orientés vers le développement d'outils d'aide à la décision et d'estimation de performances. Ces outils sont essentiellement basés sur des techniques de simulation intégrant souvent des algorithmes d'ordonnancement, de planification et de supervision des tâches.

C'est dans ce cadre que s'intègre nos travaux de recherche qui consistent en la réalisation d'un simulateur pour un système manufacturier flexible mettant en oeuvre des véhicules auto-guidés.

Les principales motivations qui nous ont conduit à effectuer ce travail sont :
— La volonté de confronter un problème réel par des concepts issus de la recherche sur les Systèmes Multi-Agents (SMA) et l'Intelligence Artificielle (IA) distribuée ;
— La flexibilité offerte par l'approche SMA aux dépends des approches classiques plus "fermées" ;
— La tendance naturelle de rendre compte des aspects de planification et négociation.

Ce mémoire est organisé autour de trois chapitres. Dans le premier chapitre, nous présentons les systèmes manufacturiers flexibles ainsi que les techniques de leur modélisation. Nous détaillons ensuite les concepts avancés des agents et des systèmes multi-agents pour la simulation de tels systèmes.

Le deuxième chapitre met l'accent sur la démarche de conception et de développement du simulateur de système manufacturier à base d'agents en utilisant comme plate-forme JADE.

Dans le troisième chapitre, nous introduisons le problème d'ordonnancement abordé et plus particulièrement le problème flow-shop de permutation ainsi que les méthodes de résolution utilisées. Dans ce sens, nous considérons différentes approches : la méthode par séparation et évaluation, la méthode de descente, le recuit simulé, la recherche tabou et les algorithmes génétiques.

Finalement, nous concluons ce document par un bilan sur les recherches effectuées ainsi que sur les perspectives à proposer.

Chapitre 1

Les systèmes manufacturiers flexibles

Dans ce chapitre nous définissons un système manufacturier flexible. Ensuite, nous définissons le paradigme lié aux agents et aux systèmes multi-agents. Deux grandes classes de modèles d'agents seront ainsi détaillées. La dernière section est consacrée à la présentation des travaux relatifs à l'ordonnancement à base d'agents au sein d'un système manufacturier flexible.

1.1 Description et présentation d'un système manufacturier flexible

D'une manière générale, les systèmes manufacturiers flexibles sont des configurations plus ou moins complexes regroupant des machines de fabrication, des systèmes de transport, des robots, des machines de contrôle, etc. Ces composants doivent être capables de travailler en parallèle pour fabriquer une variété de produits et de s'adapter aux changements qui peuvent se produire lors du cycle de production : il s'agit là de l'aspect de flexibilité.

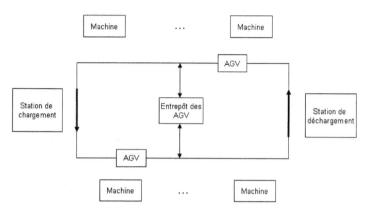

FIGURE 1.1 – *Exemple d'un système manufacturier flexible*

Comme le montre la figure 1.1, un SMF est généralement composé d'un poste de charge, d'un poste de décharge, de machines, de systèmes de transport tels que les AGVs (Auto Guided Vehicule) et d'un entrepôt d'AGV [Grie 01].
Les machines et les AGVs sont caractérisés par :

1. Chaque machine a une capacité de stockage nommé tampon de l'entrée et tampon de la production. Les capacités de ces stockages sont finies. Charger et décharger des pièces d'un produit entre un AGV et une machine est exécuté dans la considération de ces stockages.

2. Les AGVs suivent un itinéraire à sens unique et se déplacent vers l'entrepôt lorsque les tâches ne sont pas allouées.

1.2 Techniques de modélisation d'un système manufacturier flexible

Avec les défis auxquels sont confrontés les compagnies pour prendre des décisions de plus en plus difficiles et d'une manière rapide ayant un impact important sur la conception et l'opération des systèmes manufacturiers, les ingénieurs et les gestionnaires sont à la recherche d'outils plus performants d'aide à la conception et à la planification opérationnelle des systèmes manufacturiers flexibles. Deux techniques sont souvent utilisées à savoir la modélisation analytique et la simulation.

1.2.1 Les méthodes analytiques

Les modèles analytiques ne représentent pas fidèlement la réalité puisqu'ils sont souvent basés sur des hypothèses simplificatrices et non réalistes. Généralement, les chercheurs qui développent les modèles analytiques ajustent souvent la réalité aux outils dont ils disposent. De plus, les modèles analytiques sont difficiles à valider au près des utilisateurs puisque ce sont des modèles synthétiques qui génèrent parfois des résultats non conformes à la réalité.

La complexité croissante des systèmes manufacturiers rend l'utilisation de cette technique impossible; en effet il n'est pas possible d'utiliser ces méthodes sans faire de suppositions simplificatrices qui peuvent compromettre la qualité des résultats.

1.2.2 Les logiciels de simulation

Le terme "simulation" désigne la démarche scientifique qui consiste à réaliser une reproduction artificielle d'un phénomène réel que nous désirons étudier, à observer le comportement de cette reproduction lorsque nous en faisons varier expérimentalement certains paramètres, et à induire ce qui se passerait dans la réalité sous l'influence de variations analogues [Bous 02]. La démarche de simulation passe donc par trois étapes distinctes :
L'étape de modélisation : construire le modèle du phénomène à étudier.
L'étape d'expérimentation : soumettre ce modèle à un certain type de variations.
L'étape de validation : confronter les données expérimentales obtenues avec le modèle à la réalité.

La construction d'un modèle est toujours fondée sur une théorie, ce que nous pouvons définir par : une description abstraite de certains aspects du phénomène modélisé en termes de concepts ou de variables, et de relations ou de lois. L'étape d'expérimentation est le plus souvent dépendante de la manière dont le modèle a été construit, donc de la théorie, et l'étape de validation peut être soit dépendante de cette théorie, soit indépendante, ce qui fait qu'aucune des deux ne peut servir à discriminer les méthodes de simulation. Construire une nouvelle méthode de simulation consiste donc à utiliser, voire inventer, une théorie de modélisation.

Dans la suite, nous allons présenter brièvement les quatre langages les plus souvent exploités pour ce type de problème.

- GPSS (General Purpose Simulation Software) [Henr 88]

GPSS est l'un des premiers langages de simulation discrète. En GPSS, le modèle est construit en combinant un ensemble de blocs standards (processus préprogrammés) en un bloc diagramme (ou réseau) qui définit la structure logique du système. Les objets dynamiques (des transactions) se déplacent séquentiellement de bloc en bloc au fur et à mesure que la simulation se déroule. GPSS était écrit en assembleur IBM.

- SLAM (Simulation Language for Alternative Modelling) [Prit 79]

SLAM est basé sur le langage Fortran. La représentation du système se fait sous la forme d'un réseau constitué de symboles (noeuds) interconnectés (branches) à travers lequel circulent des entités. Celles-ci peuvent avoir jusqu'à 100 attributs chacune, permettant de représenter des pièces diversifiées, de dater des temps de passage, de repérer des lots. Les ressources du système sont les éléments nécessaires à la circulation des entités dans le système tels que machines, moyens de manipulation ou de transfert des pièces de l'atelier...SLAM fournit donc une structure de travail pour modéliser le flux des entités qui s'engagent dans un processus qui exige un certain nombre de ressources.

Un réseau SLAM est formé de noeuds spécialisés pour modifier les attributs des ressources, des files d'attente, des attentes de ressources et des branches utilisées pour modéliser les activités (par exemple le temps d'usinage) et les cheminements des entités dans le réseau.

- SIMAN/Arena (Simulation and ANalysis program) [Pedg 82]

SIMAN est un langage qui se base sur le même principe que SLAM et qui inclut les possibilités supplémentaires de modélisation des systèmes de transport et de description de stations regroupant plusieurs machines. SLAM et SIMAN combinent la facilité d'utilisation des descriptions par processus et la souplesse de la description par événements.

- QNAP (Queuing Network Analysis Package) [Poti 84]

QNAP est un produit destiné à analyser les réseaux de file d'attente. La description du système doit donc se faire sous forme d'un réseau constitué d'un ensemble de processus de type "stations de service" auxquelles sont associées des files d'attente. Les lois de service dans les stations sont écrites par l'utilisateur dans un langage spécifique du type Algol ou Pascal.

1.3 Approche multi-agent pour la simulation des systèmes manufacturiers flexibles

Les logiciels de simulation cités dans le paragraphe 1.2 ne permettent pas d'assurer de " l'intelligence " au système manufacturier flexible. C'est pour cette raison que nous avons opté pour une approche multi-agent qui assure l'autonomie, l'interaction, la gestion des ressouces au système.

En effet, les SMA représentent l'un des axes de recherche de l'intelligence artificielle distribuée (IAD). Nous allons maintenant définir tels systèmes. Ensuite, nous présentons quelques exemples de leurs utilisations au niveau d'un SMF.

1.3.1 Définition d'un agent

Il n'existe pas de définition unique de ce que sont un agent et un système multi-agent. Nous reprenons ici dans l'ouvrage de Ferber [Ferb 95] la définition d'un agent :

Un agent est une entité physique ou virtuelle

1. qui est capable d'agir dans un environnement ;
2. qui peut communiquer directement avec d'autres agents ;
3. qui est mue par un ensemble de tendances (sous la forme d'objectifs individuels ou d'une fonction de satisfaction, voire de survie, qu'elle cherche à optimiser) ;
4. qui possède des ressources propres ;
5. qui est capable de percevoir (mais de manière limitée) son environnement (Figure 1.2) ;
6. qui ne dispose que d'une représentation partielle de cet environnement (et éventuellement aucune) ;
7. qui possède des compétences et offre des services ;
8. qui peut éventuellement se reproduire ;
9. dont le comportement tend à satisfaire ses objectifs, en tenant compte des ressources et des compétence dont elle dispose, et en fonction de sa perception, de ses représentations et des communications qu'elle reçoit.

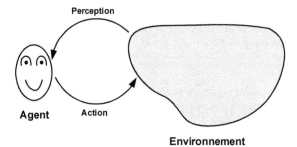

FIGURE 1.2 – Agent et environnement

1.3.2 Définition d'un système multi-agent

J. Ferber [Ferb 95] définit les SMA de la manière suivante : un SMA est un système composé des éléments suivants :

1. Un environnement E, c'est-à-dire un espace disposant généralement d'une métrique.
2. Un ensemble d'objets O. Ces objets sont situés, c'est-à-dire que, pour tout objet, il est possible d'associer une position dans E. Ces objets sont passifs, c'est-à-dire qu'ils peuvent être perçus, créés, détruits et modifiés par les agents.
3. Un ensemble A d'agents, qui sont des objets particuliers ($A \subseteq O$), représentent les entités actives du système.
4. Un ensemble de relations R qui unissent des objets (et donc des agents) entre eux.
5. Un ensemble d'opérations Op permettant aux agents de A de percevoir, produire, consommer, transformer et manipuler des objets de O.

6. Des opérateurs chargés de représenter l'application de ces opérations et la réaction du monde à cette tentative de modification appelés les lois de l'univers.

A partir de cette définition, deux grandes options coexistent pour évaluer le degré d'intelligence des agents. Par intelligence, il faut entendre ici la capacité à accomplir individuellement des tâches complexes et à planifier leurs actions collectives. Les agents se répartissent alors entre agents dits réactifs et agents dits cognitifs. Alors que les premiers sont très basiques par leurs fonctionnements sur le mode stimulus / action, les seconds possèdent des comportements nettement plus évolués grâce à des croyances sur leur univers et leurs capacités d'élaborer des stratégies mettant en jeu plusieurs agents [Bois 01],[Beck 05].

1.3.3   Système manufacturier flexible à base d'agents

Les systèmes manufacturiers flexibles (SMF) étudiés à l'aide d'une approche multi-agent permettent d'augmenter la quantité et la qualité des produits fabriqués tout en diminuant les coûts de fabrication. Ces systèmes proviennent du Japon où des compagnies (Toyota, Honda. etc.) s'orientent de plus en plus vers l'intégration d'agents artificiels, intelligents et autonomes à leurs SMF. Le développement de tels systèmes améliore grandement la fabrication et l'étend à de larges variétés de produits [Mats 01].

C'est pour cette raison qu'il existe plusieurs applications des SMF à base d'agents. Shaw et Whinston étaient les premiers à proposer l'usage d'agents dans SMF pour programmer et contrôler le système de production. Dans leur modèle, une cellule industrielle pourrait sous-traiter un travail d'autres cellules à travers un mécanisme de l'enchère (Cowling, 2004 [Cowl 04]).

Saad (1997) [Saad 97] a proposé deux mécanismes de la planification, composés par réservation de la production (PR) et réservation de la production en un seul pas (SSPR), pour minimiser la tardiveté moyenne de SMF. Paulo et Carlos (1998) [Paul 98] ont conçu une architecture holonique pour programmer des systèmes industriels dans lesquels les tâches et les ressources sont représentées par holons et un protocole de la négociation CNP (Contract Net Protocol : c'est un mécanisme de négociation entre deux types d'agents : contractant et gestionnaire. Le "Contract Net" permet à un gestionnaire, suite à quelques échanges avec un groupe d'agents, de retenir les services d'un agent appelé contractant pour l'exécution d'une tâche (contrat). Ce protocole est qualifié de type "sélection mutuelle" puisque, pour "signer un contrat", l'agent choisi doit s'engager envers le gestionnaire pour l'exécution de la tâche et le gestionnaire ne sélectionne que l'agent ayant fourni la proposition la plus avantageuse. La version originale du protocole comportant trois étapes principales : l'appel d'offre, la soumission de proposition et l'attribution de contrat [Fisc 95] est utilisée pour la planification statique ou dynamique de tâches). Rabelo (1999) [Rabe 99] a décrit un système de la planification basé multi-agent (holon) pour supporter la planification. La structure du système a accentué l'usage d'un mécanisme de négociation basé CNP pour améliorer la flexibilité de la planification aussi bien que les aspects d'intégration de l'information, communication et coordination dans une communauté d'agents. Shen (2000) [Shen 00] a présenté la combinaison du mécanisme de la médiation et le CNP pour la planification de SMF. Ottaway et Burns (2000) [Otta 00] ont proposé un modèle conceptuel agent de production adaptatif et un mécanisme de négociation qui programme et contrôle un système de production. Boccalatte (2004) [Bocc 04] a proposé un système orienté agent pour supporter la planification dynamique. Cheeseman (2005) [Chee 05] a développé une planification industrielle orientée agent.

D'autre part, les approches de la planification orientées agent ne réussissent pas toujours à résoudre un problème d'une façon optimale (Caridi et Cavalieri, 2004 [Cari 04]). Alors que plusieurs algorithmes centralisés, surtout les méthodes de la recherche métaheuristiques, peuvent compenser cet inconvénient pour leur haute efficacité. Par conséquent, des recherches sont orientées vers la combinaison de la planification décentralisée basée agent avec des méthodes métaheuristiques centralisées fournissant une branche prometteuse pour rehausser plus loin la performance de SMF. Dans la littérature, nous trouvons plusieurs études dans cette direction telles que celles menées par Aydin et Fogarty (2004) [Aydi 04], Shen (2006) [Shen 06].

1.4 Conclusion

A travers ce chapitre, nous avons présenté, d'une part, les systèmes manufacturiers flexibles, d'autre part, les techniques de modélisation de ces systèmes.

Ensuite, nous avons étudié la simulation d'un système manufacturier flexible à base d'agents ainsi que les travaux réalisés dans ce domaine.

Dans le chapitre suivant, nous introduirons la conception et le développement du simulateur multi-agent que nous proposons pour un système manufacturier flexible.

Chapitre 2

Conception & développement d'un simulateur multi-agent

Dans ce chapitre nous présentons la conception du simulateur en utilisant le langage de modélisation AUML.

Dans la première partie, nous présentons le langage de modélisation AUML.

Ensuite, nous présentons à un niveau d'abstraction élevé les fonctionnalités du système ainsi que l'architecture du simulateur (ses composants). Nous définissons ensuite les comportements et les interactions entre ses différents agents suivi d'une explication de l'ensemble des messages transmis et communiqués entre eux tout au long de la simulation.

La troisième partie porte sur les vues dynamiques : les diagrammes de séquences concernant l'échange des messages et les diagrammes d'état - transition des principaux agents : Produit et Véhicule.

La dernière partie est consacrée à la présentation des aperçus d'écran qui montrent les différentes fonctionnalités mises en place du simulateur.

2.1 Approche simulatoire : Modèle à événements discrets

Ce que nous cherchons dans cette partie, c'est de modéliser le comportement dynamique d'un système manufacturier flexible ou, plus particulièrement, la circulation du flux de travaux dans ce système. Pour illustrer les concepts et formalismes utilisés, nous prendrons l'exemple très simple d'une machine M précédée d'un stock S de travaux en attente. Cette machine reçoit des travaux i auxquels elle doit faire subir des opérations (chaque travail ne subit qu'une opération sur la machine M) qui durent un certain temps. Une fois l'opération terminée, le travail sort du système.

2.1.1 Agents et attributs

Dans ce type de modélisation, nous considérons que le modèle est composé d'agents (associés à des objets réels ou fictifs). Ainsi, dans l'exemple ci-dessus, les agents considérés sont : la machine M, le stock S et les travaux i. Chaque agent est caractérisé par un ensemble d'attributs. Certains attributs sont fixes. Ceux-ci permettent de représenter les caractéristiques de l'agent considéré ou des relations avec d'autres agents. Ainsi, dans l'exemple, les attributs fixes des agents sont les suivants :

— machine : nom,
— stock : nom, capacité du stock,

— travail : nom, durée opératoire sur la machine M.

D'autres attributs sont variables et évoluent au cours du temps. Dans l'exemple, les attributs variables sont :

— machine : état d'occupation qui vaut 0 si la machine est libre et 1 si la machine est occupée ;
— stock : liste des travaux en attente ;
— travail : position dans le système ("hors du système", "dans le stock S", "sur la machine M").

2.1.2 Etats et événements

L'état d'un agent à un instant donné est caractérisé par la valeur de tous ses attributs (fixes et variables). L'état du système est caractérisé par l'état de l'ensemble des agents qui le composent. Cette modélisation repose donc sur la notion d'état. La particularité des modèles à événements discrets vient du fait que nous nous plaçons à une granularité de modélisation qui est telle que l'état de chaque composant ne peut prendre que des valeurs discrètes. C'est le cas ici puisque :
— l'état d'occupation des machines ne peut prendre que la valeur 0 (machine libre) ou 1 (machine occupée),
— L'état du stock correspond à différentes compositions de la liste des travaux présents,
— La position des travaux ne peut prendre que trois valeurs ("hors du système", "dans le stock S" ou "sur la machine M").

Les changements d'états ne peuvent avoir lieu qu'à des instants bien déterminés dans le temps que nous appelons "événement". Dans l'exemple, il y a trois types d'événements :
— arrivée d'un travail dans le système ;
— début d'opération pour un travail sur la machine ;
— fin de l'opération pour un travail sur la machine.

2.1.3 Logiques de changement d'état

Pour décrire le comportement dynamique du système, il faut décrire les "logiques de changement d'état". Une logique de changement d'état décrit, pour un type d'événement donné, la façon dont s'effectuent les changements d'états des différents objets impliqués par l'occurrence d'un événement de ce type. Il n'y a pas de formalisme imposé pour décrire cette logique de changement d'état. Celle-ci peut être décrite par un organigramme quelconque permettant de représenter ce qui doit être réalisé lors de l'occurrence d'un événement.
Dans cet exemple simple servant de support à la présentation, les changements d'états dépendent de trois types d'événements.

2.1.3.1 a. Evénement arrivée d'un travail i

Le changement d'état est en relation avec l'état de la machine au moment où cet événement arrive :
- si la machine est libre alors il y a prévision de l'occurrence d'un événement début d'opération à la date actuelle si le temps de transfert du travail sur la machine est négligeable ;
- si la machine est occupée alors la position du travail est dans le stock, la liste des travaux dans le stock est incémentée.

2.1.3.2 b. Evénement début d'opération du travail i

La position du travail est "sur la machine". La machine passe dans l'état "occupée". Il y a prévision de l'occurrence de l'événement fin d'opération pour le travail i à une date qui est égale à la date actuelle augmentée de la durée d'opération pi du travail i.

2.1.3.3 c. Evénement fin d'opération du travail i

Le travail i sort du système : la position du travail est "hors du système". Si le stock est vide alors la machine passe dans l'état "libre", sinon si la liste des travaux dans le stock n'est pas vide alors choisir le prochain travail qui va subir une opération après avoir enlevé le nom de ce travail de la liste des travaux dans le stock.

2.2 Langage de modélisation

Avant de spécifier et de concevoir le simulateur, il est nécessaire d'introduire le langage UML (Unified Modelling Language) utilisé dans la suite de ce chapitre.

La communauté de recherche sur la programmation orienté-agent s'est intéressée au problème de l'extension UML pour supporter les concepts orienté-agent de base tels que le protocole d'agent, d'ontologie et d'interaction [Odel 01]. Cette tendance de recherches a mené à de diverses extensions d'UML, mais ces notations ne sont pas complètement acceptés parce qu'elles ne sont pas encore soutenues par des outils CASE. Notons qu'un des principaux buts de l'initiative d'AUML (Agent Unified Modelling Language) est d'encourager les développeurs des outils CASE de prendre au sérieux et de soutenir une notation orientée-agent dans leurs produits [Moya 00]. Dans [Berg 01] les auteurs présentent des concepts de base de la programmation orientée-agent prenant comme approche pragmatique la définition de nouveaux objets. Ils présentent une notation (UML-based) pour décrire ces objets. La notation UML-based n'exige pas les extensions dans les diagrammes habituels d'UML.

Le langage de modélisation AUML est utilisé pour la conception de systèmes multi-agents [Baue 04]. Basée sur le langage UML utilisé pour les développements des différents composants de systèmes selon l'approche objets, Unified Modeling Language, AUML propose un langage de modélisation orienté agents.

AUML capitalise les travaux d'UML en intégrant les différences qui existent entre les agents et les objets. Par rapport aux objets, les agents disposent d'un ensemble de propriétés caractéristiques leur permettant notamment de réaliser des actions pour l'atteinte de leurs buts (exemple : l'autonomie). Ces différences mettent en avant l'insuffisance d'UML pour modéliser les agents et les systèmes multi-agents. A titre d'exemple, le langage de modélisation AUML remplace la notion de méthode par celle de service et la notion de classe par celle de but.

Les travaux de modélisation proposés dans le langage de modélisation AUML portent essentiellement sur la modélisation des agents (diagrammes de classes), la représentation de leurs comportements (diagrammes d'états) et sur les protocoles d'interaction (diagrammes de séquences). Les diagrammes de classes sont utilisés pour représenter les entités du système réel (agents, objets) ainsi que leurs relations. Les diagrammes d'états sont utilisés pour représenter la dynamique du système réel en décrivant les états et les actions des agents. Les diagrammes de séquences sont utilisés pour représenter les échanges de messages entre les agents.

2.3 Spécification des besoins

En général, les diagrammes des cas d'utilisation modélisent à la fois des activités (fonctionnalités) et des communications (interactions) pour les entités concernées.

Les cas d'utilisations décrivent le comportement du système du point de vue utilisateur sous la forme d'actions et de réactions. Un scénario d'utilisation indique une fonctionnalité du système déclenché par un acteur externe au système. Ce genre de diagramme permet de mettre en place et de comprendre les besoins du client.

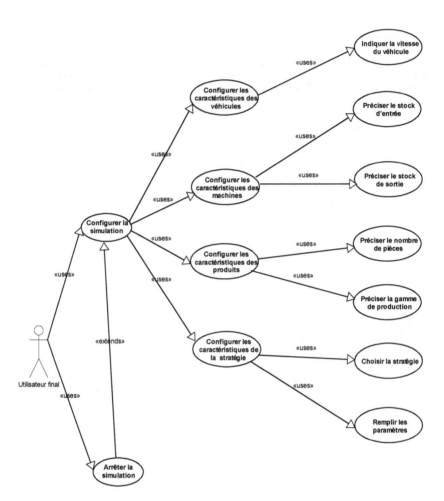

FIGURE 2.1 – Diagramme de cas d'utilisation de l'utilisateur final

Comme le montre la figure 2.1, l'utilisateur est capable de :

Configurer la simulation : en lançant le simulateur l'utilisateur doit initialiser l'application en configurant les paramètres d'entrée du simulateur tels que le nombre de produits, de machines et de véhicules, la gamme de production, la stratégie adoptée pour le choix du véhicule (le plus proche du produit, le plus rapide ou le moins utilisé) et enfin la méthode à utiliser pour ordonnancer les produits (méthode de séparation et évaluation, méthode recuit simulé, recherche tabou ou algorithme génétique en indiquant les paramètres nécessaires).

Arrêter la simulation : l'utilisateur peut mettre fin à la simulation, il peut également consulter les fichiers contenant les messages échangés permettant de suivre l'évolution de la simulation au cours du temps, il peut même avoir une idée sur l'ordre d'ordonnancement des produits.

2.4 Architecture du simulateur

Pour simuler un AGV, nous essayons d'être proche du cas réel. Puisque le cas que nous traitons entre dans le cadre de la simulation et l'optimisation de l'ordonnancement, l'environnement représente un partie importante du simulateur ainsi que les différents acteurs qui vont interagir avec cet environnement d'une part et entre eux d'autre part.

Nous allons introduire dans ce qui suit les classes les plus importantes conçues pour la réalisation du simulateur. Les classes modélisant des agents sont des classes qui héritent de la classe générique : la classe Agent fournie par la plate-forme JADE utilisée.

Chaque agent a un rôle précis qui conditionne son comportement. Dans notre cas, nous avons quatre types d'agent : véhicule, machine, produit et environnement.

Les véhicules sont capables de transporter les pièces d'une machine vers une autre.

Les machines permettent de transformer un produit semi-fini en un autre produit pendant une durée de temps représentant le temps de traitement de la machine.

Les produits sont des entités virtuelles représentant les différents passages des pièces entre les machines.

L'environnement permet de gérer l'affichage des différents composants d'un simulateur en tenant compte des événements qui ont eu lieu.

2.4.1 L'agent environnement

L'agent environnement représente l'interface dynamique de la simulation, où les différents autres agents peuvent évoluer, agir, décider, coopérer, interagir et percevoir et se percevoir mutuellement. De point de vue composition, l'agent environnement contient deux types d'objet : des objets statiques (le cheminement, les stocks en entrée et en sortie de chaque machine) qui sont en relation directe avec la simulation de la production au sein d'une entreprise et des objets dynamiques (des entités représentant les véhicules et les machines). L'agent environnement réagit à toute action produite par un acteur. En effet, l'évolution des agents est assurée par l'envoi des messages.

Les fonctionnalités de l'agent environnement peuvent ainsi être résumées dans les points suivants :

— L'agent environnement doit fournir une interface graphique permettant la saisie des différents paramètres de la simulation en permettant la visualisation de l'état global de la simulation.

— L'agent environnement peut localiser un agent (sa position), réagir à toutes actions directes ou indirectes qui le stimulent.

— L'agent environnement collecte les informations nécessaires concernant l'état des machines, la position des véhicules.

Ainsi, l'environnement joue le rôle d'un centralisateur d'informations et de coordinateur entre tous les agents de manière à dégager une vision globale du système de production et en assurer efficacement la gestion. La majeure partie des messages échangés entre les agents est entre les acteurs et l'environnement. En effet ils l'interrogent fréquemment sur la situation actuelle et sur les données perçues, l'environnement contient toutes les informations possibles que nécessitent les acteurs pour leurs actions, la perception pour l'exploration des données.

Au cours de la simulation, l'agent environnement mémorise les informations suivantes :

— La liste des véhicules, des machines et des produits : identité, état.

— La liste des stock d'entrée et de sortie et la position des véhicules.

— La stratégie adoptée.

2.4.2 L'agent véhicule

C'est un agent réactif qui permet de transporter les pièces d'une machine vers une autre. L'agent véhicule est caractérisé par sa vitesse. Le choix d'un véhicule est basé sur un critère bien déterminé tel que :

— le véhicule le plus proche de la pièce , en cas d'égalité, celui qui a répondu le premier sera choisi ;

— le véhicule le plus rapide ;

— le véhicule le moins chargé.

2.4.3 L'agent machine

C'est un agent réactif permettant de transformer une pièce en une autre pendant un certain temps de traitement. Il est caractérisé par un stock d'entrée et un stock de sortie. Lorsque la machine est occupée, les pièces en attente sont mises dans le stock d'entrée. A la fin du traitement des pièces, s'il n'y pas de véhicules disponibles alors la pièce sera déposée dans le stock de sortie.

2.4.4 L'agent produit

Cet agent est caractérisé par une multitude de comportements. En effet, il permet de communiquer avec les véhicules pour assurer le transport des pièces, après la collecte des réponses, il choisit la meilleure réponse. Au moment où une pièce est en attente, il envoie une demande vers la machine appropriée et attend jusqu'à la réception d'une réponse positive. Ce même travail se répète plusieurs fois jusqu'à la terminaison.

2.5 Comportement et communication entre les agents

Dans cette section, nous spécifions, tout d'abord, le comportement de chaque agent. Nous définissons ensuite la communication entre les agents.

2.5.1   Comportement des agents

La spécification du comportement des agents dépend des réponses que le concepteur d'un SMA donne aux questions suivantes :
(i) Qu'est ce qu'un agent ?
(ii) Que doit-il savoir faire ?
(iii) Comment interagit-il avec les autres agents ?
(iv) Comment élaborer les actions individuelles des agents en accord avec les réponses aux questions précédentes ?
Répondre à ces questions peut se faire à deux niveaux : au niveau local et au niveau global. Au niveau local se situe le comportement individuel de l'agent qui poursuit ses propres objectifs. Le niveau global recouvre les comportements sociaux des agents qui coopèrent pour atteindre leurs objectifs communs.
Dans ce rapport, nous nous intéressons principalement aux comportements sociaux issus de l'interaction des agents et de leur coordination. Le problème qui se pose est alors le contrôle des dépendances entre les activités d'agents autonomes en état de connaissance incomplète de l'environnement (due à l'évolution constante de cet environnement), ainsi que des actions, des réactions et des buts des agents peuplant cet environnement .
Il existe plusieurs types de comportements prédéfinis dans l'API de JADE parmi lesquels :
CyclicBehaviour (noté CyclicB) qui implémente un comportement cyclique ;
OneShotBehaviour (noté OneShotB) qui implémente un comportement qui s'exécute une et une seule fois.
En se basant sur ces deux types de comportement, nous avons opté pour les choix présentés dans le tableau 2.1

Agent	Comportement	Type	Rôle
Produit	CollecteReponse	CyclicB	C'est lui qui gère l'ordre de passage des pièces d'une machine vers une autre. Il cherche un véhicule parmi ceux qui existent puis il attend la machine jusqu'à elle soit disponible.
	RangProduit	OneShotB	L'agent produit attend l'arrivée d'un message indiquant son rang. A sa réception, un autre comportement (Permission) sera déclenché.
	Permission	OneShotB	L'agent attend la réception des messages des autres produits qui lui sont plus prioritaires pour commencer le comportement CollecteReponse.
Véhicule	Coordonnées	CyclicB	Envoi des messages d'une façon cyclique en indiquant son état et ses coordonnées.
	Coordination_V	CyclicB	Envoi la réponse à une requête venant d'un produit : OK s'il est disponible sinon REFUSE
	Conflit	CyclicB	A chaque fois, il teste s'il y a un conflit avec les autres véhicules. Si le cas se présente alors donner la priorité à celui qui est plus avancé.
	Proposition	OneShotB	L'agent véhicule propose un ordonnancement suivant une métaheuristique donnée puis envoie le coût vers l'environnement. Celui-ci choisit la meilleure proposition, il demande alors au véhicule approprié l'ordre d'ordonnancement.
	Terminaison	OneShotB	L'agent se termine lorsque l'environnement lui envoie un message de terminaison.
Machine	Stock	CyclicB	Envoi des messages d'une façon périodique en indiquant son état, le stock en entrée et le stock en sortie.
	Coordination_M	CyclicB	Envoi la réponse à une requête venant d'un produit : OK si elle est disponible sinon REFUSE
	Terminaison	OneShotB	L'agent se termine lorsque l'environnement lui envoie un message de terminaison.

TABLE 2.1 – *Les comportements des agents*

2.5.2 Communication entre les agents

A tout instant l'agent est amené à connaître l'état de son environnement, de communiquer avec ses voisins les plus proches, de négocier ou d'adapter son comportement en fonction des autres agents. Il est donc évident qu'une stratégie de communication entre les agents doit être mise au point pour éviter l'isolation de l'agent.

Pour communiquer, il faut d'abord disposer d'un protocole de communication (une langue commune) qui fixe le contenu des messages qui sont échangés, et ensuite un protocole de conversation qui détermine l'enchaînement de ces messages.

Dans le souci de dissocier le contenu propositionnel du message de la valeur d'illocution du message, les performatives définissent les actions (les opérations) que les agents peuvent faire pour communiquer les uns avec les autres. Ainsi, un message est constitué essentiellement d'un verbe performatif associé à un contenu dont le format de représentation n'est pas imposé par le langage.

Les performatives utilisées sont :

1 : CFP
2 : INFORM
3 : PROPOSE
4 : REFUSE
5 : ACCEPT_PROPOSAL

Ces différentes performatives sont utilisées dans le tableau 2.2.

Emetteur	Récepteur	Message	Perf	Argument
Produit	Véhicule	Demander des informations sur le véhicule	CFP	Position de la machine
	Véhicule	Accepter la proposition	Accept	Position de la machine
	Machine	Demander la permission	CFP	∅
	Environnement	Informer la terminaison du produit	Inform	∅
	Produit	Envoyer la permission aux autres produits	Inform	∅
Véhicule	Produit	Envoyer des informations sur le véhicule	Propose	Position, Vitesse
	Produit	Refuser	Refuse	∅
	Produit	Informer l'arrivée à la machine	Inform	Position
	Véhicule	Informer sur sa position et sa direction	Inform	Position, Direction
	Environnement	Informer sa position pour la mise à jour du graphique	Inform	Position
	Environnement	Donner une proposition	Propose	Coût d'ordon-nancement
Machine	Produit	Accepter de traiter le produit	Propose	∅
	Produit	Refuser de traiter le produit	Refuse	∅
	Produit	Infromer la terminaison du traitement	Inform	∅
	Environnement	Infromer sur son état, le stock en entrée et en sortie	Inform	Etat, Stock en entrée, Stock en sortie
Environnement	Véhicule	Demander une proposition pour l'ordonnancement	CFP	∅
	Véhicule	Demander au meilleur de donner l'ordonnancement	Accept	∅
	Véhicule	Informer la terminaison	Inform	∅
	Produit	Informer le produit sur son rang	Inform	Rang
	Machine	Informer la terminaison	Inform	∅

TABLE 2.2 – *Les différents messages échangés entre les agents*

2.6 Les vues dynamiques

Dans cette section, nous détaillons quelques diagrammes d'échange des messages et des diagrammes d'états-transitions. Nous avons choisi les diagrammes qui mettent en valeur l'apport du langage de modélisation Agent UML. En effet, AUML a introduit le diagramme de protocole qui est une extension de diagramme de séquences d'UML mais avec des opérateurs logiques, de causalité, synchronisation et diffusion. C'est un diagramme adapté aux protocoles de communication entre les agents. La notion de rôle qui permet de modéliser les rôles joués par les agents (lors de la communication entre les agents, il y a l'agent Initiateur qui commence la communication dans le but d'accomplir une tâche précise en contactant des agents participants. Ces agents peuvent accepter ou refuser la tâche) [Baue 04].

2.6.1 Diagramme d'échange des messages

Au sein d'un système multi-agent, les agents communiquent par échanges de messages. Nous retenons les diagrammes de séquences pour représenter les échanges de messages. Ce type de représentation permet de visualiser le type de messages échangés, leur contenu, ainsi que le processus d'activités qu'ils déclenchent. La bande d'activation représente les périodes d'activité des agents. Les flèches représentent les messages échangés entre les agents.

2.6.1.1 Calcul d'ordonnancement optimal

Puisqu'il y a plusieurs produits qui ont besoin des mêmes ressources dont le nombre est limité, il y a un risque de conflit voire interblocage mutuel. Afin d'échapper à ce problème, avant de commencer la simulation, il faut ordonnancer ces produits. Cet ordonnancement, étant statique (off-line) indépendant des caractéristiques du système manufacturier flexible (ne tenant compte que du nombre des produits, leurs gammes de production et le nombre de machines), peut être effectué par plusieurs entités (agents) pour choisir la meilleure solution retournée. Pour cela, l'agent environnement demande aux agents véhicules (Figure 2.2) de proposer un ordonnancement permettant de minimiser le temps total d'exécution. Les véhicules alors se mettent à lancer un processus qui détermine un coût minimal d'ordonnancement suivant l'approche choisie. Ensuite, l'agent véhicule envoie sa proposition vers l'agent environnement. Ce dernier se met en attente jusqu'à la réception de toutes les réponses des agents véhicules. A la fin, il choisit la meilleure proposition et demande à l'agent véhicule convenable l'ordonnancement correspondant. A la réception de cette demande, l'agent véhicule lui fournit les données requises. Une fois reçu, l'agent environnement envoie alors à chaque agent produit son rang afin de respecter l'ordonnancement.

2.6.1.2 Coordination entre les agents produits et les agents véhicules

L'agent produit a besoin des agents véhicules pour transporter les pièces (Figure 2.3). Il envoie alors une demande vers tous les agents véhicules. A la réception de cette demande, si l'agent véhicule n'est pas disponible, alors il refuse sinon il lui propose de transporter une pièce. L'agent produit collecte la réponse de tous les agents véhicules et choisit la meilleure proposition. Il informe alors l'agent véhicule correspondant de son acceptation. Ce dernier confirme la proposition.

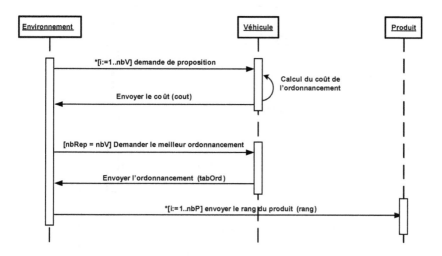

FIGURE 2.2 – Diagramme de séquences du calcul de l'ordonnancement optimal

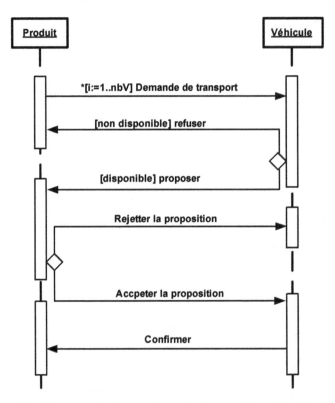

FIGURE 2.3 – Diagramme de séquences de coopération entre le produit et les véhicules

2.6.2 Diagramme d'états - transitions

Les diagrammes d'états-transitions permettent de représenter les comportements des agents. Ils représentent des automates à états finis sous forme de graphes d'états, reliés par des arcs orientés qui décrivent les transitions. Les états permettent de décrire les différentes actions réalisées par un agent en réponse aux stimuli de l'environnement. Une transition représente le passage d'un état vers un autre. Une transition est déclenchée par l'arrivée d'un événement.

2.6.2.1 Diagramme d'états-transitions du produit

Le produit change son état suite à la réception d'un message défini. Il peut avoir l'un des états suivants (Figure 2.4) :

En attente : c'est l'état du produit à sa création, avant de commencer à s'exécuter, il doit tout d'abord demander aux véhicules pour le transport. Tant qu'il n'y a aucune réponse positive (tous les véhicules sont occupés), il reste en attente.

Pièce transportée : le produit passe à cet état à la réception des messages d'approbation des véhicules. Il choisit alors le meilleur véhicule suivant un critère donné (le plus proche, le moins utilisé ou le plus rapide). Le produit envoie sa confirmation et la pièce commence à être transportée.

Attente de la machine : A la fin de transport, le produit envoie une demande vers la machine pour le traiter. Si cette machine est occupée, le produit sera alors déposé en stock d'entrée.

Traitement achevé : Une fois la machine devient disponible, le produit passe alors en phase de traitement.

A la fin de traitement, le produit soit se termine (si la gamme de production est terminée) soit se met en attente encore (le même cycle se répète plusieurs fois jusqu'à la fin de production).

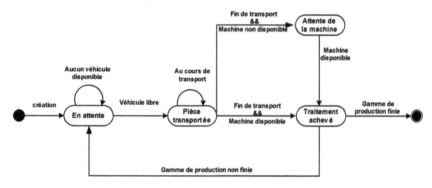

FIGURE 2.4 – Diagramme d'états-transitions du produit

2.6.2.2 Diagramme d'états-transitions du véhicule

Le véhicule est un agent réactif. Il peut avoir l'un des états suivants (Figure 2.5) :

Libre : c'est l'état du véhicule à sa création. Tant qu'il n'a reçu aucune demande de la part des produits, il reste au même état libre.

Occupé : le véhicule passe à cet état à la réception d'une confirmation d'un produit spécifique. Il commence alors le transport de la pièce vers la machine appropriée.

Lorsque le véhicule a atteint l'arrivée, il revient à l'état d'attente s'il y a encore des pièces en attente, sinon il se termine.

2.7   Synthèse du simulateur à base d'agents

Dans cette section, nous présentons les caractéristiques des agents mis en jeu (véhicule, machine et produit) ainsi que tout le système.

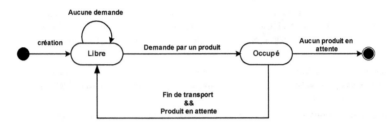

FIGURE 2.5 – Diagramme d'états-transitions du véhicule

2.7.1 Description des agents

Le simulateur d'un système manufacturier flexible est implémenté par un système multi-tiagent. Les véhicules, les machines et les produits y sont des agents. Ce sont les agents produits qui jouent un rôle principal dans la simulation, alors que les agents véhicules et les agents machines se contentent de donner aux agents produits les informations qu'ils leur demandent et de répondre à leurs besoins.

Le tableau 2.3 présente les caractéristiques des agents du système.

Agents	Perceptions	Actions	Buts	Environnement
Véhicule	Messages venant des agents produits	Transporter des pièces	Aucun	Tous les autres agents
Machine	Messages venant des agents produits	Traiter une pièce	Aucun	Tous les autres agents
Produits	Tous les autres agents (machines, véhicules et produits) du système	1/ Attend la permission des autres produits plus prioritaires 2/ Interroge les agents véhicules et machines	Exécuter la gamme de production au plus tôt	Tous les autres agents

TABLE 2.3 – Description des agents

Tout d'abord, tous les agents ont un environnement contenant les autres agents.

Ensuite, les agents machines et véhicules sont un peu semblables : ils perçoivent les mêmes choses (à savoir les messages venant des agents produits), agissent de la même façon (répondre aux besoins des agents produits : un véhicule peut transporter les pièces d'un produit s'il est libre, une machine peut traiter une pièce d'un produit si elle est disponible).

Les agents produits sont les plus évolués. Ils perçoivent les messages en provenance de tous les autres agents du système (i.e. les autres agents produits, machines et véhicules). Leur principale action est de négocier avec les autres agents, et pour mener à bien cette négociation, leurs actions secondaires sont de s'informer auprès des agents véhicules et machines. Enfin, leur but est de se terminer le plus tôt possible.

2.7.2   Description du système multi-agent

Le tableau 2.4 présente les caractéristiques du système multi-agent en le décomposant en trois éléments.

Elément	Attribut	Valeur
Agents	nombre	nb. de machines + nb. de véhicules + nb. de produits
	uniformité	3 types d'agents (produit, machine et véhicule)
	buts	contradictoires (produit), inexistants (machine et véhicule)
	architecture	délibérative (produit), réactive (machine et véhicule)
	capacités	avancées (produit), simples (machine et véhicule)
Interactions	fréquence	élevées (produits), basses (machine et véhicule)
	persistance	long terme pour tous
	niveau	connaissance (produits) et messages (machine et véhicule)
	objectif	coopération
Environnement	prédictibilité	prévisible
	accessibilité	illimitée
	dynamisme	fixé
	diversité	3 types d'agents
	disponibilité des ressources	ressources limitées

TABLE 2.4 – *Description du système multi-agent*

En premier lieu, les agents (i.e. véhicule, machine et produit) sont décrits. Le nombre total des agents est égal à la somme de nombre de tous les autres agents. A ce niveau, comme il est indiqué dans le tableau précédent, il y a trois types d'agents. D'une part, les agents véhicules et machines sont des agents réactifs permettant seulement d'accéder à une ressource en mode exclusif. D'autre part, les agents produits sont des agents délibératifs ayant un but à atteindre essayant de se terminer le plus tôt en suivant leur plan de fabrication.

En deuxième lieu, l'interaction entre les agents est très élevée pour les agents produits (puisque ces derniers ont besoin des ressources), elle est basse pour les agents véhicules et machines. En effet, seuls les agents produits dialoguent avec tous les autres types d'agents.

En troisième lieu, l'environnement des agents est prévisible (une machine traitant une pièce deviendra dans un certain temps disponible, un véhicule transportant une pièce deviendra libre après un certain moment, un produit finira par se terminer), toutes ses caractéristiques sont accessibles (l'état d'une machine, d'un véhicule ou d'un produit), son dynamisme est constant (l'évolution d'un état vers un autre), il ne contient que des agents et les ressources. Tous les agents produits sont implémentés de la même manière : ils interrogent les mêmes agents véhicules et machines et ils disposent de la même information. Par conséquent, ils vont naturellement avoir tendance à réclamer les mêmes ressources aux mêmes temps (vu qu'ils ont la même gamme de production). Pour limiter le nombre de conflits, les agents produits ne demandent pas un service à un agent véhicule ou machine qu'après avoir reçu la permission par les agents produits qui le précèdent. Chaque agent produit connaît au préalable son rang d'ordonnancement, il suit alors l'ordonnancement lancé au début de la simulation permettant de minimiser le temps total de fabrication de tous les produits.

2.8 Développement du simulateur SimMAV

Le simulateur SimMAV est développé à l'aide de la plate-forme JADE. Nous présentons dans la suite les raisons qui nous ont poussés à utiliser cette plate-forme. De plus, nous décrivons en détail le simulateur SimMAV ainsi que ses différentes fonctionnalités.

2.8.1   La plate-forme multi-agent : JADE

Il est nécessaire de choisir une plate-forme. A l'heure actuelle, plusieurs outils ont été développés pour la réalisation d'agents. Si ces plates-formes sont nombreuses, elles ne répondent pas toutes aux besoins des utilisateurs. Ces critères sont naturellement en relation avec nos objectifs et nos attentes du système multiagent et des caractéristiques des agents. Ainsi, la plate-forme devra répondre aux contraintes suivantes :

— Les agents doivent pouvoir communiquer entre eux. Cette communication n'est pas un simple échange de messages mais un dialogue. Il ne s'agira pas pour un agent de répondre mécaniquement à un message mais de pouvoir analyser plusieurs possibilités de réponses avant de réagir.

— La nature de la plate-forme est importante : open source. Il va de soi qu'une plate-forme open source répondant à nos objectifs est préférable à toute autre freeware ou shareware. En accédant au code source nous pouvons l'adapter à nos besoins et à notre environnement. De plus leurs fonctionnalités sont assez nombreuses et offrent, généralement, une large bibliothèque d'outils.

— Il faut aussi tenir compte de la nature de l'interface de développement.

— La plate-forme doit être répandue, elle doit être déjà utilisée dans plusieurs projets de développement de SMA.

— Le langage de programmation sous-jacent et la nature des messages échangés constituent aussi un point important. Un langage assez répandu facilitera une meilleure compréhension des codes sources.

En effet, JADE [JADE] est une plate-forme d'agents qui prend en compte les spécifications de la FIPA [FIPA] pour l'interopérabilité des systèmes multi-agents. Les agents communiquent entre eux à travers des messages écrits en FIPA-ACL . En effet, FIPA spécifie un ensemble de protocoles d'interaction qui peuvent être utilisés comme tremplin pour construire des agents de conversation. Pour chaque conversation entre agents, la distinction est faite entre le rôle de l'initiateur et celui du répondeur. JADE fournit des classes contenues dans jade.proto qui permettent d'utiliser directement les protocoles FIPA en l'occurrence FIPA-Request, FIPA-Query, FIPA-ContractNet, etc.

Le concept d'agent est vu par JADE comme un processus autonome et indépendant qui a une identité, qui requiert la communication (coopération, collaboration, compétition...) avec les autres agents dans le but de remplir ses missions.

2.8.2   Description du simulateur SimMAV

Nous avons réalisé un simulateur multi-agent des véhicules auto-guidés. Le simulateur est accessible via une interface conviviale et simple. Nous avons implémenté les différents agents : environnement, véhicule, machine et produit ainsi que les différents objets : zones d'affichage. Nous avons défini et traduit exhaustivement les messages échangés entre les différents agents.

2.8.2.1   i. Entrées - sorties du simulateur

Le simulateur permet de saisir des entrées concernant les caractéristiques des véhicules, des machines et la gamme de production (Figure 2.6). En sortie, le simulateur garde une trace des messages échangés, des solutions proposées dans des fichiers pour une éventuelle consultation.

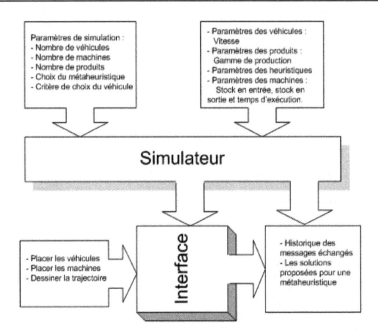

FIGURE 2.6 – Les entrées et les sorties du simulateur

2.8.2.2   ii. Interfaces du simulateur

Avant de lancer la simulation, l'utilisateur doit configurer le simulateur afin de tester le cas souhaité.

Via les menus présentés par SimMAV, l'utilisateur peut choisir entre les alternatives suivantes :

— Configurer le simulateur en saisissant les données du simulateur ;
— Déclencher la simulation : Une fois le simulateur initialisé, il reste à l'état suspendu. Ainsi, l'utilisateur peut déclencher (lancer) la simulation ;
— Interrompre la simulation : L'utilisateur a la possibilité d'interrompre la simulation pendant son déroulement ;
— Inspecter les agents : Pendant la simulation l'utilisateur a la possibilité de suivre des agents pour connaître leurs états internes et les informations dont ils disposent en fonction de l'évolution de la simulation.

2.8.2.3   Configuration générale du simulateur

La configuration du simulateur (Figure 2.7) concerne des généralités liées à la simulation :

— Le nombre de véhicules,
— Le nombre de produits,

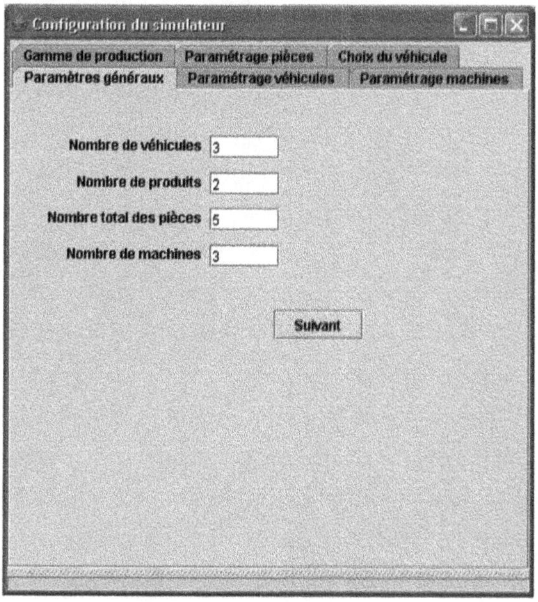

FIGURE 2.7 – Configuration du simulateur

— Le nombre total des pièces,
— Le nombre des machines.

2.8.2.4 Configuration des véhicules

La fenêtre de configuration des véhicules (Figure 2.8) comporte des champs de saisie de la vitesse de chaque véhicule.

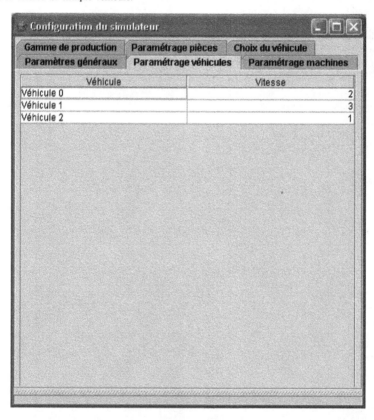

FIGURE 2.8 – Configuration des véhicules

2.8.2.5 Configuration des machines

Lors de la configuration des machines (Figure 2.9), il faut préciser le nombre des pièces qui peuvent être stockés en entrée, le nombre des pièces qui peuvent être stockées en sortie et le temps d'exécution de chaque machine.

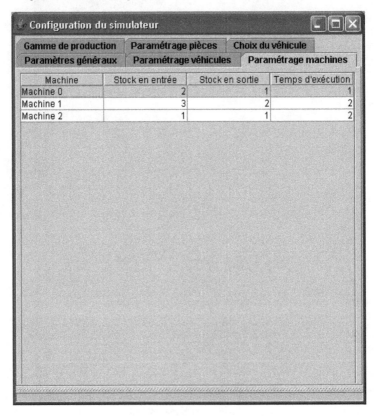

FIGURE 2.9 – Configuration des machines

2.8.2.6   Configuration des gammes de production

A travers cette fenêtre (Figure 2.10), l'utilisateur peut indiquer pour chaque produit la gamme de production en indiquant le temps d'exécution sur chaque machine.

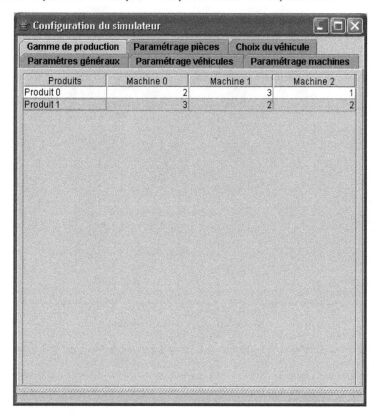

FIGURE 2.10 – Configuration des gammes de production

2.8.2.7 La fenêtre de la simulation

Une fois configuré, le simulateur est lancé et une vue initiale (Figure 2.11) représentée graphiquement comme ci-dessous.

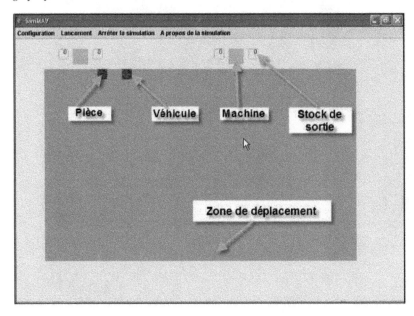

FIGURE 2.11 – La fenêtre principale de la simulation

Au cours de la simulation, l'utilisateur peut contrôler et suivre l'état des différents agents d'une part, grâce à la légende avec les différentes couleurs indiquant l'état des agents et d'autre part, grâce aux fichiers de sauvegarde permettant de disposer d'informations détaillées sur les messages échangés entre les agent : l'identifiant de l'émetteur et du récepteur, la performative, le contenu du message et la date d'émission.

2.9 Expérimentation et interprétation

A travers ce chapitre, nous avons évoqué un nombre important d'entrées et de paramètres ce qui engendre plusieurs cas à tester, expérimenter et valider. Nous signalons que dans chacun de ces cas, plusieurs autres configurations sont possibles afin de tester plusieurs scénarios spécifiques ce qui engendre une multitude de tests pour valider le modèle.

Dans l'étude de ce système, nous avons pris en considération les conditions suivantes :
— Les produits arrivent à l'entrée du système dans un stock principal ;
— Chaque poste de travail comporte deux stocks limités en entrée et en sortie et ceci afin de simplifier l'étude ;
— Le stock en amont de chaque machine permet l'attente de la disponibilié du poste et le stock aval permet l'attente du véhicule ;

— Chaque produit Pi a une gamme Gi paramétrable ;
— Le nombre de véhicules (Nv) ainsi que leurs vitesses de déplacement sont des paramètres contrôlables dans notre système ;
— Le choix des AGV est basé sur l'un des critères suivants : le plus rapide, le plus proche ou bien le moins utilisé ;
— Les durées opératoires au sein des machines sont des paramètres à fournir au système au début de la simulation ;
— Les simulations sont terminantes, c'est-à-dire que le système démarre à l'instant t = 0 et se termine lorsque toutes les pièces sont dans le dépôt.

Dans notre application, nous avons choisi de travailler à titre d'exemple sur le cas d'un atelier flexible constitué de 3 postes de travail pouvant traiter 3 gammes de produits (P1, P2, P3). Le transport s'effectue au moyen d'une flotte de véhicules autoguidés (AGV) se déplaçant suivant des circuits unidirectionnels selon une configuration conventionnelle. Le nombre de véhicules est égal à deux.

Nous avons choisi de tester les performances de notre simulateur en augmentant progressivement en premier lieu la vitesse des véhicules, en deuxième lieu la durée opératoire des machines et en fixant comme critère de performance le nombre des pièces produites.

2.9.1   Influence de la vitesse des véhicules sur le nombre total des pièces produites

Pendant une durée de temps constante, nous avons compté le nombre des pièces produites en fonction de la vitesse des véhicules en fixant les valeurs des autres données. La figure 2.12 illustre la relation entre la vitesse et le nombre des pièces.

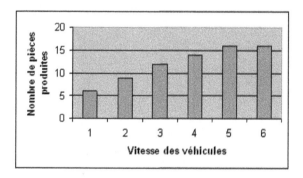

FIGURE 2.12 – Impact de la vitesse sur le nombre des pièces produites

Nous remarquons que le nombre total des pièces produites dépend directement de la vitesse des véhicules. Ainsi le nombre des pièces augmente en fonction de la vitesse mais d'une façon non linéaire. Nous constatons aussi qu'au début l'augmentation de la vitesse améliore considérablement le rendement du système manufacturier flexible. Par contre, à des vitesses élevées l'amélioration est minime. En effet, à cause du phénomène de congestion des véhicules il est inutile d'augmenter leurs vitesses s'ils passent leurs temps à attendre que les ressources soient libérées pour qu'ils puissent circuler

2.9.2 Influence de la durée opératoire des machines sur le nombre global des pièces

Nous avons travaillé sur les mêmes données tout en fixant la vitesse des véhicules à 2 et en modifiant la durée opératoire des machines.

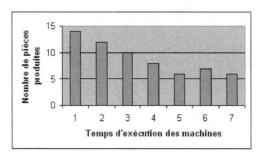

FIGURE 2.13 – Impact de la durée opératoire des machines sur le nombre des pièces produites

Les résultats trouvés (Figure 2.13) prouvent que plus la durée opératoire des machines est importante, plus le nombre des pièces produites décroit. Cependant, à des durées opératoires importantes nous ne pouvons plus conclure sur la variation du nombre de pièces produites vu que les véhicules passent leurs temps à attendre la fin du traitement des machines.

2.9.3 Interprétation

Le plan de test a été conçu autour de plusieurs cas expérimentaux impliquant de nombreuses combinaisons et variations de variables telles que la vitesse des véhicules et la durée opératoire des machines. Le but principal de ce plan de test a été de tester l'influence de la variation de ces différents paramètres sur le nombre des pièces produites. A travers les differents cas, nous avons pu constater que l'augmentation de la vitesse des véhicules ou la diminution de la durée opératoire des machines entraîne l'augmentation des nombres de pieces produites. Cependant, au moment où il y a le phénomène de congestion ; il n'y a pas de règle d'évolution de la valeur des vitesses des véhicules ou de la durée opératoire des machines qui permet de garantir l'amélioration du critère de performance.

2.10 Conclusion

Le travail réalisé est un simulateur multi-agent d'un système manufacturier flexible formé par des véhicules auto-guidés nécessitant, d'une part, un échange continu d'une multitude de messages et d'autre part, un nombre d'agents travaillant, coopérant, collaborant et communiquant ensemble simultanément.

Pour la résolution du problème d'ordonnancement, nous distinguons les méthodes exactes et les méthodes approchées. Chacune de ces méthodes a ses avantages et ses limites. Les performances obtenues par les algorithmes associés à ces différentes approches seront discutées en détail et les conclusions relatives à leurs utilisations seront dégagées dans le prochain chapitre.

Chapitre 3

Intégration des techniques d'ordonnancement

Dans le chapitre précédent, nous avons introduit l'ordonnancement des produits dans la modélisation du système. Dans ce chapitre, nous détaillons la problématique d'ordonnancement abordée et présentons les différentes approches de résolution que nous proposons. Ainsi, nous commençons tout d'abord avec la définition des problèmes d'ordonnancement et des critères de performance. Nous étudions ensuite le problème de flow-shop de permutation qui définit notre problématique. Enfin, nous présentons et mettons en oeuvre différentes méthodes de résolution.

3.1 Définitions préliminaires

Dans la littérature, les définitions suivantes sont données :

Définition 1 [Roda 88] Ordonnancer ou planifier le fonctionnement d'un système industriel de production consiste à gérer l'allocation (ou l'accès) à des ressources au cours du temps, tout en satisfaisant au mieux un ensemble de critères.

Définition 2 [Goth 93] Une tâche est un travail élémentaire nécessitant un certain nombre d'unités de temps et de ressources. Ordonnancer un ensemble de tâches c'est programmer leur exécution en leur allouant les ressources requises et en leur fixant les dates de début.

Résoudre un problème d'ordonnancement revient à résoudre un problème d'optimisation combinatoire.

Définition 3 [PAP 82]
Le problème d'optimisation peut se formuler de la façon suivante :
Etant donnée une fonction f définie sur un espace de recherche S (l'ensemble des solutions) et à valeurs dans IR, nous cherchons la solution s^* telle que $f(s^*) = min_{s \in S} f(s)$ s^* est la solution au problème d'optimisation globale et $f(s^*)$ (notée f^*) est alors appelé optimum global de f sur S.

Remarques :
— f est appelée la fonction objectif ;
— s^* n'est pas obligatoirement unique, notons alors par S^* l'ensemble des solutions au problème d'optimisation globale. Dans la plupart des cas la découverte d'un seul

élément de S^* suffit pour répondre au problème ;

— Par la suite, par optimisation, nous supposerons qu'il s'agit en fait de minimisation. En effet, maximiser $f(s)$ revient à minimiser $-f(s)$ ce qui permet de ne perdre aucune généralité ;

— Des variantes peuvent apparaître : par exemple, si la fonction f est variable dans le temps, il s'agit d'optimisation dynamique ; s'il existe des contraintes (d'égalité ou d'inégalité) sur les solutions de S c'est un problème d'optimisation avec contraintes ; enfin si le problème consiste à optimiser simultanément plusieurs fonctions objectifs, nous parlerons d'optimisation multicritère.

3.2 Les critères de performance

La résolution des problèmes énoncés précédemment nécessite le plus souvent le calcul ou l'évaluation de critères de performance (quantitatifs ou qualitatifs). Lorsque les hypothèses sur le système le permettent (stocks de capacité illimitée, pas d'événement aléatoire...). Certains critères de performance peuvent être calculés par un modèle mathématique ou un simple algorithme. Mais lorsque les contraintes deviennent plus fortes (stocks de capacité limitée, date d'arrivée des produits aléatoires,...) il devient nécessaire de construire un modèle plus au moins complexe du système étudié. Soient

n	nombre de produits
m	nombre de ressources
C_i	date de fin de traitement du produit i
$t_{i,j}$	temps de traitement du produit i par la ressource j
r_i	date de disponibilité du produit i
d_i	date de fin souhaitée du produit i
w_i	poids du produit i
S_i	temps de montage ou de changement d'outils nécessaire au produit i
O_i	= 1 s'il y a changement d'outils
$F_i = C_i - r_i$	temps de circulation du produit i (flow time)
$W_i = C_i - r_i - \sum_{j=1}^{m} t_{i,j}$	temps d'attente du produit i (waiting time)
$L_i = C_i - d_i$	décalage temporel du produit i par rapport la date souhaitée
$T_i = max(0, C_i - d_i)$	retard du produit i par rapport la date de fin souhaitée (tardiness)
$E_i = max(0, d_i - C_i)$	avance du produit i par rapport la date de fin souhaitée (earliness)
$U_t(i)$	= 1 si le produit i est en retard ($C_i > d_i$), 0 sinon

Les critères de performance en ordonnancement d'atelier visent d'une part, l'utilisation efficace des ressources et d'autre part, le respect des délais. Les critères les plus répandus sont présentés dans le tableau 3.1 comme suit :

3.3 Description du problème d'ordonnancement abordé

Comme nous l'avons mentionné dans le chapitre précédent,nous abordons un problème d'ordonnancement statique (off-line) et indépendant des caractéristiques du système manufacturier flexible. En fait, il ne tient compte que du nombre des produits, leurs gammes de production et le nombre de machines. Les caractéristiques de notre système sont les suivantes :

Critère	Valeur maximale
Fin de traitement	$C_{max} = max_{i=1..n}C_i$
Décalage	$L_{max} = max_{i=1..n}L_i$
Retard	$T_{max} = max_{i=1..n}T_i$
Avance	$E_{max} = max_{i=1..n}E_i$
Temps de circulation	$F_{max} = max_{i=1..n}F_i$
Temps de montage	$S_{max} = max_{i=1..n}S_i$
Temps d'attente	$W_{max} = max_{i=1..n}W_i$
Nombre de retards	$\sum_{i=1}^{n} U_i$

TABLE 3.1 – *Les critères de performance*

— n produits doivent être réalisés,
— les produits se subdivisent en m opérations non préemptibles qui nécessitent chacune une machine donnée,
— une machine exécute une seule opération à la fois,
— l'exécution d'une opération i sur une machine r engendre un temps opératoire $p(i, r)$ non nul,
— l'ordre d'utilisation des machines est le même pour tous les produits.

D'après la typologie des problèmes d'ordonnancement [Chu 95], nous identifions le problème d'ordonnancement abordé comme étant un problème de type flow-shop de permutation.

3.3.1 Hypothèses de résolution

Les hypothèses que nous avons considérées dans un contexte déterministe et statique sont les suivantes :
— H1 : Les dates de disponibilité des produits sont connues : le problème d'approvisionnement est supposé résolu,
— H2 : Les machines sont toujours disponibles : ce qui explique l'absence de la contrainte de capacité (capacité finie),
— H3 : Les temps de traitement sont déterministes et indépendants,
— H4 : Les temps de montage et de démontage sont inclus dans le temps de traitement,
— H5 : Les temps de transport sont inclus dans le temps de traitement,
— H6 : La préemption est interdite,
— H7 : Une machine ne peut pas traiter plus d'un produit à un instant donné,
— H8 : Un produit est traité par au plus une machine à un instant donné,
— H9 : Les produits peuvent attendre dans des stocks de capacité illimitée.

3.3.2 Complexité

Le problème Flow-shop de permutation formé de m machines minimisant le makespan est noté de la façon suivante $Fm/No - idle/Cmax$.

Il a été prouvé que le problème flow-shop à trois machines $F3/No - idle/Cmax$ est un problème NP-difficile [Bapt 97]. Pour le cas de deux machines, le problème est polynomial et la résolution est similaire à résolution du problème $F2//Cmax$ qui est obtenue en ordonnant les produits suivant Johnson [John 54] (Il consiste à appliquer, pas à pas la règle suivante : "Si J_i et J_j sont deux travaux de durée opératoires (P_{i1}, P_{i2}) et (P_{j1}, P_{j2})

sur les machines 1 et 2 et si $min(P_{i1}, P_{i2}) \leq min(P_{j1}, P_{j2})$ alors J_i est placé avant J_j").
Propriété 1 : Si $m \geq 3$, $Fm/no - idle/Cmax$ est NP-complet au sens fort.
Propriété 2 : $F2/no - idle/Cmax$ est polynomial (algorithme de Johnson)

3.3.3 Modélisation

La résolution d'un problème d'ordonnancement commence par la modélisation du système de fabrication et de son fonctionnement. Il faut donc définir un ensemble de paramètres représentant le système étudié, les liens existant entre ces paramètres et les critères qui permettront d'évaluer les solutions obtenues. Il est clair qu'il existe diverses manières de modéliser chaque problème d'ordonnancement et nous est amené à choisir un mode de description. Parmi ces modes, nous pouvons citer les équations mathématiques, les graphes potentiels-tâches, les réseaux de Petri, etc.
Comme pour tous les problèmes d'optimisation, la modélisation d'un problème d'ordonnancement consiste à décrire les variables de décision, les données et les contraintes, ainsi que le critère à optimiser. La diversité des problèmes d'ordonnancement vient de la diversité des données, des contraintes et des critères d'optimisation.

3.3.3.1 Paramètres du problème

n :   nombre de produits à exécuter,
m :   nombre de machines,
$P = (p_{i,r})$:   durée opératoire du produit J_i sur la machine M_r (matrice $n * m$).

3.3.3.2 Variables de décision

$Z = (Z_{i,j})$: matrice binaire, $Z_{i,j} = 1$ si le produit J_i est à la position j dans la séquence de produits, 0 sinon. Pour toute solution, il y a uniquement n variables dont la valeur est égale à 1.
$C = (C_{j,r})$: date d'achèvement du produit à la j^{ime} position dans la séquence des produits sur la machine M_r.

3.3.3.3 Fonction objectif

Cmax = Cn,m   (1)
Minimiser(Cmax)   (2)

3.3.3.4 Contraintes

$$\sum_{j=1}^{n} Z_{i,j} = 1 \qquad\qquad (i = 1, \ldots, n) \qquad\qquad (3)$$
$$\sum_{i=1}^{n} Z_{i,j} = 1 \qquad\qquad (j = 1, \ldots, n) \qquad\qquad (4)$$
$$C_{j,r} + \sum_{i=1}^{n} (p_{i,r} * Z_{i,j+1}) = C_{j+1,r} \quad (r = 1, \ldots, m \,; j = 1, \ldots, n\text{-}1) \qquad (5)$$
$$C_{j,r} + \sum_{i=1}^{n} (p_{i,r+1} * Z_{i,j}) \leq C_{j,r+1} \quad (r = 1, \ldots, m\text{-}1 \,; j = 1, \ldots, n) \qquad (6)$$
$$\sum_{i=1}^{n} (p_{i,1} * Z_{i,1}) = C_{1,1} \qquad\qquad\qquad (7)$$

3.3.3.5 Commentaires

La fonction objectif (2) exprime le but à atteindre qui consiste à minimiser la plus grande date d'achèvement (i.e. minimisation du makespan).
Les contraintes (3) assurent que chaque produit doit être affecté à une seule position dans la séquence ce qui assure un ordre total entre les différents produits.

Les contraintes (4) spécifient qu'à chaque position est affecté un et un seul produit (i.e. l'ordre d'un produit par rapport aux autres est unique).
Les contraintes (5) assurent que la date d'achèvement du produit à la position $j + 1$ sur la machine M_r est égale à la somme de la date d'achèvement du produit à la position j sur la machine M_r et de la durée opératoire du produit à la position $j + 1$ sur la machine M_r. Aucun temps mort n'est autorisé sur une machine durant son produit.
Les contraintes (6) montrent que la date d'achèvement du produit à la position j sur la machine M_{r+1} est au moins égale à la somme de la date d'achèvement du produit à la position j sur la machine M_r et de la durée opératoire du produit à la position j sur la machine M_{r+1}.
La contrainte (7) spécifie que la date d'achèvement du premier produit sur la première machine est égale à sa durée opératoire sur cette dernière.
Ce modèle représente le problème flow-shop de permutation $F/no - idle/Cmax$ avec m machines.

3.4 Méthodes de résolution

Les méthodes d'ordonnancement proposées dans la littérature sont nombreuses et diverses. Nous pouvons les classer suivant deux critères, l'un pratique relevant de leurs applications réelles dans l'industrie et l'autre basé sur des aspects théoriques de recherche.
De nombreuses contributions dans le domaine de planification et ordonnancement ont été fournies par différentes communautés de recherche à savoir, la recherche opérationnelle (Operational Research) et l'Intelligence Artificielle (Artificiel Intelligence). Cela a mené à différents modèles avec des terminologies différentes et des horizons ouverts à des praticiens pour exploiter cette connaissance.
Ces méthodes peuvent être classées en méthodes exactes et méthodes approchées comme le montre la figure 3.1 :

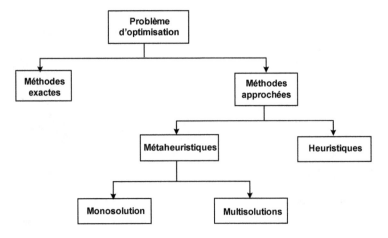

FIGURE 3.1 – Classification des algorithmes de résolution [Meun 00]

Le principe essentiel d'une méthode exacte consiste généralement à énumérer de manière implicite, l'ensemble des solutions de l'espace de recherche. Parmi les méthodes exactes, il y a des procédures par séparation et évaluation et la résolution de modèles mathématiques en nombres entiers.

Les méthodes approchées constituent une alternative très importante pour traiter les problèmes d'optimisation de grandes tailles si l'optimalité n'est pas primordiale. Ces méthodes sont utilisées depuis longtemps par de nombreux praticiens [Lour 03].
Une méthode approchée est une méthode qui permet l'obtention d'une bonne solution en un temps raisonnable. Parmi ces méthodes, nous distinguons les heuristiques, dédiées à un type de problème précis et les métaheuristiques qui sont des approches plus générales.

Une méthode heuristique (ou, plus simplement, une heuristique) est une méthode approchée dédiée à un problème et qui tente d'exploiter au mieux sa structure par des critères de décision déduits de la connaissance du problème [Dann 77].
Parmi les heuristiques existantes, nous citons l'heuristique NEH de Nawaz [Nawa 83] qui permet de résoudre des problèmes de flow-shop à m machines en minimisant la plus grande date d'achèvement.
Les heuristiques ont l'inconvénient qu'elles doivent être spécifiques pour chaque type de problème à résoudre. L'avantage principal est que ces algorithmes fournissent souvent des solutions qui sont obtenues dans un temps acceptable.

Une méthode métaheuristique (ou, plus simplement, une métaheuristique) est une méthode approchée générique dont le principe de fonctionnement repose sur des mécanismes généraux indépendants de tout problème [Ree 93].
Durant ces dernières années, plusieurs métaheuristiques ont prouvé leur efficacité pour la résolution de problèmes combinatoires tels que les problèmes d'ordonnancement. Ces approches se fondent sur des méthodes manipulant une seule solution (méthode de descente, méthode tabou, recuit simulé, les méthodes d'acceptation à seuil,...), des méthodes manipulant plusieurs solutions (algorithme génétique, algorithme de la fourmi) et d'hybridation (combinaison de diverses métaheuristiques) [Beas 02].

3.5   Etude de différentes approches de résolution

Pour la résolution du problème abordé, nous proposons de détailler différentes approches à savoir méthode exacte (procédure par séparation et évaluation), les méthodes de recherche locale et les algorithmes génétiques. Comme chacune de ces méthodes repose sur l'évaluation de la solution, nous allons alors introduire la fonction d'évaluation puis détailler les différentes approches de résolution.

3.5.1   Evaluation d'une solution

Evaluer une solution consiste à déterminer le temps d'exécution maximal (i.e. le makespan) pour une solution donnée (c'est-à-dire en proposant un ordre bien défini pour chaque produit).
Pour cela, nous considérons un ensemble de n produits notés $P_1, P_2, \ldots, P_n$ et une séquence de m machines, notées $M_1, M_2, \ldots, M_m$. Chaque produit est fabriqué en visitant

dans l'ordre les machines $M_1, \ldots, M_m$. Les produits sont lancés en production dans un ordre donné, et cet ordre reste le même pour toutes les machines [Chu 96].

Nous supposons que la durée opératoire p_{ir} (pour $i = 1, \ldots, n$ et $r = 1, \ldots, m$) du produit P_i sur les machines M_r soit connue. Il est possible alors d'utiliser une matrice de dimension $n * r$ où les lignes représentent les produits et les colonnes représentent les machines et chaque élément de la matrice (i, r) correspond à la durée opératoire p_{ir} du produit P_i sur la machines M_r.

Pour simplifier l'étude, nous considérons que les produits sont lancés en fabrication dans l'ordre : $P_1, \ldots, P_n$.

Initialement, le temps d'attente est nul (l'instant où la fabrication commence est égal à 0).

Soit c_{ir} l'instant où le produit i quitte la machine r.

Puisque l'ordre de fabrication des produits est $P_1, \ldots, P_n$ (suivant notre hypothèse), P_1 est alors le premier produit à être fabriqué, il sortira de la machine M_1 à l'instant p_{11}, de la machine M_2 à l'instant $p_{11} + p_{12}$, et dans le cas le plus général de la machine M_r, r = 1, ..., m à l'instant : $c_{1r} = \sum_{k=1}^{r} p_{1k}$ pour r = 1, ..., m.

En ce qui concerne les instants de sortie des produits de la première machine (la machine M_1), le produit P_2 entre dans M_1 à l'instant où P_1 en sort, c'est-à-dire à l'instant p_{11}. Il en sortira donc à l'instant $c_{21} = p_{11} + p_{21}$. De la même façon, nous concluons que $c_{i1} = \sum_{k=1}^{i} p_{k1}$ pour i = 1, ..., n.

Si ce n'est pas le premier produit, ni la première machine, la manière de calculer c_{ir} est un peu différente. En fait, lorsqu'un produit P_i, i = 2, ..., n, accède à la machine M_r, r = 2, ..., m, deux conditions doivent être satisfaites :

— le produit P_i a quitté au préalable la machine précédente M_{r-1} à l'instant $c_{i,r-1}$,
— le produit précédent P_{i-1} a quitté la machine M_r à l'instant $c_{i-1,r}$.

Ainsi, P_i accèdera à la machine M_r à l'instant max $(c_{i-1,r}, c_{i,r-1})$ et donc quittera la machine M_r à l'instant $c_{ir} = max(c_{i-1,r}, c_{i,r-1}) + p_{ir}$.

En termes de conclusion, les instants où les produits quittent les machines se calculent à l'aide des formules suivantes :

$c_{1r} = \sum_{k=1}^{r} p_{1k}$ pour r = 1, ..., m. (8)
$c_{i1} = \sum_{k=1}^{i} p_{k1}$ pour i = 1, ..., n. (9)
$c_{ir} = max(c_{i-1,r}, c_{i,r-1}) + p_{ir}$ pour i = 2, ...,n et r = 2, ...,m (10)

L'instant de sortie du dernier produit (i.e. P_n) de la dernière machine (i.e. M_m) est égal à c_{nm} (i.e. makespan).

Pour mieux comprendre ces trois formules (8) , (9) et (10), considérons le cas de six produits passant par une séquence de quatre machines M_1, M_2, M_3, M_4 dans l'ordre $P_3, P_1, P_4, P_5, P_2, P_6$. Les durées opératoires des produits sur les machines sont décrites dans le tableau TAB.3.2.

Nous dressons maintenant un tableau qui contiendra les temps de fin de passage des produits sur les machines à l'aide des formules (8) , (9) et (10). Nous commençons tout d'abord à appliquer la formule (8) puis (9). Les résultats figurent respectivement dans les tableaux TAB.3.3 et TAB.3.4.

	M_1	M_2	M_3	M_4
P_3	5	4	4	3
P_1	2	1	3	3
P_4	5	3	2	1
P_5	3	5	6	4
P_2	2	7	4	2
P_6	4	5	4	6

TABLE 3.2 – Temps de fabrication

	M_1	M_2	M_3	M_4
P_3	5	9	13	16
P_1				
P_4				
P_5				
P_2				
P_6				

TABLE 3.3 – Application de la formule (8)

	M_1	M_2	M_3	M_4
P_3	5	9	13	16
P_1	7			
P_4	12			
P_5	15			
P_2	17			
P_6	21			

TABLE 3.4 – Application de la formule (9)

Nous appliquons ensuite la formule (10). Cela revient à considérer le tableau TAB.3.4 et à choisir une case non encore remplie, mais telle que la case de gauche et la case supérieure soient déjà remplies. La seule case possible est dans ce cas la case située dans la deuxième ligne et dans la deuxième colonne. Nous calculons alors c_{22}.

En utilisant la formule (10), $c_{22} = max(c_{12}, c_{21}) + p_{22}$. Ici, $c_{12} = 9$ et $c_{21} = 7$. Ainsi $c_{22} = max(9, 7) + 1$ donc $c_{22} = 10$.

Le même traitement est executé de la même façon jusqu'à la dernière case dans le tableau TAB 3.5 qui correspond à c_{64}.

	M_1	M_2	M_3	M_4
P_3	5	9	13	16
P_1	7	10	16	19
P_4	12	15	18	20
P_5	15	20	26	30
P_2	17	27	31	33
P_6	21	32	36	42

TABLE 3.5 – *Application de la formule (10)*

Il est clair que si nous effectuons la fabrication dans l'ordre $P_3, P_1, P_4, P_5, P_2, P_6$, il s'écoulera 42 unités de temps entre l'accès de P_3 à M_1 et la sortie de P_6 à M_4.

La question qui se pose : est-il possible de trouver un meilleur résultat (i.e. temps d'exécution moins important) ? Pour repondre à cette question, il est nécessaire de voir tous les autres cas. Il y en a 6 ! = 720. Il est donc possible, avec des solutions informatisées (i.e. programme), d'effectuer tous les cas et d'avoir le meilleur résultat. Mais avec 15 produits seulement, il y en a 15 ! = 1,3 * 10^{12} possibilités ce qui est impossible évidemment d'essayer de voir tous les cas.

Dans le cas général, les métaheuristiques permettent d'atteindre une solution acceptable. Nous allons voir comment les appliquer à ce genre de problème.

3.5.2 La procédure par séparation et évaluation

Appelée aussi "branch and bound (B & B)", la procédure par séparation et évaluation (PSE) [Mour 99] est basée sur une énumération implicite de l'ensemble des solutions de l'espace de recherche. Elle consiste à construire une arborescence en décomposant progressivement l'ensemble des solutions admissibles contenues dans un sommet en sous-ensembles de solutions partielles, ceux-ci devenant dans l'arborescence les fils du sommet considéré. Le fils qui ne peut plus être décomposé est appelé feuille. Pour connaître la solution optimale, il suffit de calculer la fonction objectif de toutes les feuilles non vides de l'arborescence. Cette méthode peut être améliorée en évitant d'examiner toutes les branches de l'arborescence et en localisant la solution optimale. Au moment du choix du noeud à développer, nous commençons par le noeud ayant la meilleure évaluation (c'est-à-dire une évaluation minimale). Cette méthode dispose de techniques pour détecter le plus tôt possible les échecs (calculs de bornes : la borne supérieure $Best - UB$ et la borne inférieure LB)

L'algorithme 3.1 présente la procédure par séparation et évaluation comme suit :

```
(0) Phase d'initialisation
Calculer Best − UB
(1) Phase d'exploration des noeuds
Tant qu'il existe un noeud non exploré sur la pile
        Retirer le noeud N ayant la plus petite évaluation f(N) dans la liste des noeuds
        Si f(N) ≥ Best − UB alors
                FIN_NOEUD
        Sinon
                Si N est un noeud final alors
                        Best − UB ⟵ f(N)
                sinon
                        Développer le noeud actuel N en ajoutant ses noeuds fils à la pile
        Fin si
Fin tant que
```

Algorithme 3.1 - Algorithme de la procédure par séparation et évaluation

Les performances d'un arbre de séparation et d'évaluation sont directement liées à sa taille ; en général, plus sa taille est réduite plus l'approche est efficace.

3.5.3   Méthodes de recherche locale

Pour la recherche locale, nous considérons la méthode de descente, le recuit simulé et la recherche tabou. Comme ces méthodes de la recherche locale sont fondées sur la notion de voisinage, nous allons donc introduire tout d'abord cette notion fondamentale puis détailler le principe de la méthode de descente, du recuit simulé et de la recherche tabou.

3.5.3.1   Fonction voisinage

Avant de présenter la fonction voisinage utilisée, nous commençons par donner la définition de la notion voisinage.

Définition Soit X l'ensemble des configurations admissibles d'un problème, nous appelons voisinage toute application $V : X \rightarrow 2^X$. Le mécanisme d'exploration du voisinage est une procédure qui précise comment la recherche passe d'une configuration $x \in X$ à une configuration $x' \in V(x)$. Une configuration x est un optimum (minimum) local par rapport au voisinage V si $f(x) \leq f(x')$ pour toute configuration $x' \in V(x)$.

Pour mettre en oeuvre cette méthode, il est impératif de définir la transformation élémentaire (ou locale) permettant d'engendrer la nouvelle solution x' à partir de la solution courante x. Une transformation ne sera considérée comme élémentaire que si elle ne modifie que "faiblement" la solution courante.

Dans notre cas, le voisinage d'une solution x utilisé dans les différentes approches est obtenu par une permutation de deux produits choisis aléatoirement.

3.5.3.2   i. La méthode de descente

Le principe de la méthode de descente consiste [Bray 01], à partir d'une solution de départ x_0, à engendrer une suite (finie) de solutions x_i déterminées de proche en proche, x_{i+1} étant calculé à partir de x_i de telle sorte que x_{i+1} soit meilleur que x_i : $f(x_{i+1}) < f(x_i)$ pour tout i. Parmi les paramètres qui doivent être précisés pour mettre cette méthode en oeuvre figure la façon d'engendrer la nouvelle configuration courante. Pour cela, il est habituel d'utiliser la notion de voisinage d'une solution.

L'algorithme 3.2 en donne la structure générale.

```
(0) Phase d'initialisation
Générer une solution initiale x_0
x ⟵ x_0
(1) Phase d'amélioration itérative
Répéter
        x solution courante
        générer un voisinage V(x)
        S'il n'existe pas x' ∈ V(x) tel que f(x') < f(x) alors
                Stop
        sinon
                choisir x' ∈ V(x) tel que f(x') < f(x)
                x ⟵ x'
        Fin si
Jusqu'à critère d'arrêt
```
Algorithme 3.2 - Algorithme de la méthode de descente

La méthode de descente rencontre deux obstacles qui limitent considérablement leur efficacité :

— Suivant la taille et la structure du voisinage $V(x)$ considéré, la recherche de la meilleure solution voisine est un problème qui peut être aussi difficile que le problème initial.

— Une méthode de descente est incapable de progresser au-delà du premier minimum local rencontré. Or les problèmes d'optimisation combinatoire comportent généralement de nombreux optima locaux pour lesquels la valeur de la fonction objectif peut être fort éloigné de la valeur optimale.

Pour faire face à ces carences, des méthodes de recherche locale plus sophistiquées ont été développées au cours de ces vingt dernières années. Ces méthodes acceptent des solutions voisines moins bonnes que la solution courante afin d'échapper aux minima locaux de la fonction f. En règle générale, seule une portion du voisinage courant est exploitée à chaque étape. Les différences principales entre ces différentes méthodes se situent au niveau du choix de la solution voisine et au niveau du critère d'arrêt.

Les méthodes les plus connues seront présentées dans les paragraphes suivants.

3.5.3.3 ii. Le recuit simulé

Le recuit simulé [Kirk 83] peut être considéré comme une amélioration considérable de la méthode de descente. En effet, l'algorithme part avec une solution initiale x_0. A chaque itération, une seule solution voisine x' est générée. Cette nouvelle solution est acceptée si elle est meilleure que la solution actuelle x. Dans le cas contraire, la solution x' est acceptée avec une probabilité $prob(\Delta f, T)$ qui dépend de la température T et de la variation d'énergie $\Delta f = f(x') - f(x)$.

Les paramètres nécessaires pour utiliser le recuit simulé sont les suivants :

— Une température initiale, notée T ;

— Un coefficient positif alpha plus petit que 1. Ce coefficient servira à diminuer la valeur de T en posant $T \leftarrow \alpha * T$. Notons qu'il existe bien d'autres manières de décroître T, mais l'utilisation d'un coefficient multiplicatif est la voie la plus répandue et celle qui se révèle la plus efficace à l'usage ;

— Un entier N qui donne le nombre d'itérations consécutives à effectuer sans changer la valeur de T (le palier de température) ;

— Un paramètre $epsilon$. Ce paramètre est un seuil : l'algorithme s'arrête dès que $T < epsilon$.

En toute généralité un algorithme du recuit simulé peut être condensé tel que présenté par l'algorithme 3.3.

---

(0) *Phase d'initialisation*
Génerer une solution initiale x_0
Génerer une température initiale T_0
$x^* \longleftarrow x_0$
(1) *Phase d'amélioration itérative*
Tant que critère d'arrêt non satisfait
    Tant que non fin_palier
      x solution courante
      Générer un voisinage $V(x)$
      Sélectionner aléatoirement un voisin $x' \in V(x)$
      Calculer $\Delta = f(x') - f(x)$
      Si $\Delta < 0$ **alors**
        $x \longleftarrow x'$
        Si $f(x) < f(x^*)$ **alors**
          $x^* \longleftarrow x$
        Fin si
      sinon
        $x \longleftarrow x'$ avec la probabilité $e^{-\Delta/T}$
      Fin si
    Fin tant que
    $T \longleftarrow \alpha * T$
Fin tant que

Algorithme 3.3 - Algorithme du recuit simulé

Les avantages et les limites de la méthode recuit simulé

Les avantages :
La méthode recuit simulé procure généralement une solution de bonne qualité (minimum absolu ou bon minimum relatif de la fonction objectif). En outre, c'est une méthode générale : elle est applicable, et facile à programmer, pour tous les problèmes qui relèvent des techniques d'optimisation itérative, à condition toutefois que nous puissions évaluer directement et rapidement, après chaque transformation, la variation correspondante de la fonction objectif. Enfin, elle offre une grande souplesse d'emploi, car de nouvelles contraintes peuvent être facilement incorporées dans le programme.

Les limites :
Les utilisateurs sont parfois découragés par le nombre important de paramètres (température initiale, taux de décroissance de la température, durée des paliers des températures, critère d'arrêt) : bien que les valeurs standards publiés permettent généralement un fonctionnement efficace de la méthode, il y a encore un aspect empirique que les études théoriques s'efforcent de le supprimer.

3.5.3.4   iii. La méthode tabou

La méthode tabou [Gend 03], [Cord 02] consiste à se déplacer de solution en solution en s'interdisant de revenir en une configuration déjà rencontrée. Plus précisément, supposons que nous ayons, comme précédemment, défini un voisinage $V(x)$ pour chaque solution x ; supposons en outre que nous disposions à toute itération de la liste T des dernières configurations rencontrées. Alors, à partir de la configuration courante x et pour la remplacer, nous choisissons dans $V(x) - T$ la configuration x' qui minimise la fonction f, tout en ajoutant x à la liste T. Autrement dit, nous choisissons parmi les configurations voisines de x mais non encore rencontrées celle qui descend le plus fortement si x n'est pas un minimum local ou celle qui remonte le moins et nous ajoutons x à T pour s'interdire d'y revenir pour un certain nombre d'itérations fixé. Nous limitons la taille de la liste T que nous gérons comme une file (premier entré, premier sorti).

L'algorithme 3.4 résume les étapes de la recherche tabou.

---

(0) *Phase d'initialisation*
Générer une solution initiale x_0
La liste tabou $T = \oslash$
$x^* \longleftarrow x_0$
(1) *Phase d'amélioration itérative*
Tant que critère d'arrêt non satisfait
    x solution courante
    générer un voisinage $V(x)$
    sélectionner le meilleur voisin $x' \in V(x)$ tel que $x' \notin T$
    Si $f(x') < f(x^*)$ **alors**
        $x^* \longleftarrow x'$
    Fin si
    $x \longleftarrow x'$
    insérer x' dans T
Fin tant que

Algorithme 3.4 - Algorithme de la recherche tabou

La fonction d'aspiration Lorsque une solution x' voisine de la solution x faisant partie de la liste tabou et de plus $f(x')$ est inférieure à la meilleure valeur de la fonction objective, x' devient donc candidate lors de la sélection du meilleur voisin de x (nous " aspirons " donc à déterminer une solution meilleure que x^*).

Les différences entre le recuit simulé et la recherche tabou :

Le recuit simulé est stochastique et sans mémoire tandis que la recherche tabou est déterministe et possède, sous la forme de la liste tabou, une sorte de mémoire représentant les configurations rencontrées depuis un certain nombre d'itérations.

Par ailleurs, les paramètres à fixer sont moins nombreux pour la méthode tabou : taille de la liste tabou et nombre total d'itérations ; cela peut paraître un avantage du fait qu'il est souvent délicat de régler simultanément de nombreux paramètres, mais réciproquement un grand nombre de paramètres peut éventuellement laisser davantage de jeu à l'utilisateur avisé qui peut ainsi obtenir un réglage plus fin.

Enfin une autre différence apparaît aussi dans la façon de prendre en compte le voisinage : alors que le recuit ne s'intéresse à chaque fois qu'à un seul voisin, il est nécessaire, pour la méthode Tabou, d'explorer de façon exhaustive le voisinage, ce qui peut prendre beaucoup de temps si celui-ci possède un cardinal élevé ; la stratégie fréquemment adoptée quand le cardinal est trop grand consiste à ne considérer qu'un échantillon de voisinage, de façon aléatoire ou non.

3.5.4 Les algorithmes génétiques

Un algorithme génétique [Luci 02], [Ruiz 06] fait intervenir plusieurs solutions en parallèle appelées individus ou encore chromosomes. Une population est formée d'un ensemble d'individus. Chaque chromosome est constitué d'un ensemble éléments appelés

gènes. L'évolution d'une population à une autre dépend étroitement de trois facteurs importants qui sont la sélection, le croisement et la mutation.
Le fonctionnement de l'algorithme génétique est représenté par l'algorithme 3.5.

---

(0) *Phase d'initialisation*
Générer la population initiale
(1) *Phase d'évolution de la population*
Tant que critère d'arrêt non satisfait

    Evaluer les solutions de la population courante

    Sélectionner les individus à recombiner
    Effectuer les croisements
    Insérer les solutions résultantes dans la nouvelle population

    Choisir les individus à faire muter
    Effectuer les mutations
    Insérer les solutions résultantes dans la nouvelle population

Fin tant que

Algorithme 3.5 - Algorithme génétique

Codage
Le codage que nous avons appliqué est un codage réel qui permet de préciser l'ordre de lancement de chaque produit. En effet, s'il y a n produits à ordonnancer alors la longueur de codage est égale à n. Soit le codage suivant :

$$\prec 4, 7, 6, \ldots, 2 \succ$$

Ce codage signifie que le produit numéro 4 commencera le premier, ensuite le produit numéro 7 jusqu'à le produit numéro 2 qui se lance le dernier.

La population initiale
Nous retenons la solution fournie par la méthode de descente et nous générons d'autres individus à partir de celle-ci en effectuant aléatoirement des transformations élémentaires. La population initiale sera composée de N individus générés aléatoirement (N représente la taille de la population et a été fixé à 100).

Sélection
La sélection permet de choisir les individus les plus forts de la population dans le but d'appliquer les mécanismes de mutation et de croisement. Pour cela, nous avons eu recours à la méthode sélection par tournois qui consiste à choisir deux individus d'une façon aléatoire, de comparer leurs forces et de choisir celui qui a une force d'évaluation la plus grande avec une probabilité p comprise entre 0.5 et 1.

Croisement
Le croisement permet d'assurer la diversité dans la population. Nous avons choisi d'utiliser le croisement à deux points qui consiste à :
— Choisir deux points aléatoires $d1$ et $d2$ (nous supposons que $d1 < d2$).

— Recopier les gènes de la première position jusqu'à $d1$ et de $d2$ jusqu'à n du premier parent (respectivement deuxième parent) dans le premier enfant (respectivement deuxième enfant).

— Recopier le reste des gènes du deuxième parent (respectivement premier parent) dans le premier enfant (respectivement deuxième enfant).

— Parcourir les gènes du premier enfant (respectivement deuxième enfant), en cas de redondance, enlever les redoublants et les mettre dans le deuxième enfant (respectivement premier enfant).

Mutation

La mutation permet d'éviter une convergence prématurée en assurant une diversité dans la population. Cette opération est appliquée avec une probabilité très faible (égale à 0.1). Le principe de la mutation est simple, nous choisissons deux allèles d'une façon aléatoire du même chromosome et nous échangeons leurs valeurs respectives.

3.6   Expérimentation et interprétation des résultats

Pour chaque essai, nous avons comparé les résultats obtenus par les quatre méthodes réglées avec un paramétrage optimal testé expérimentalement sur un grand nombre d'exécutions pour plusieurs problèmes. Nous avons ainsi pu dégager le paramétrage suivant pour chaque algorithme :

1. Pour les algorithmes génétiques, taille de la population = 100, nombre d'individus = 8, probabilité de sélection = 0.6 et Probabilité de mutation = 0.1, ce qui garantit à la fois une bonne couverture de l'espace de recherche et une bonne exploitation des individus présents dans la population ;

2. Pour le recuit simulé, il est préférable d'attribuer à la température initiale T la valeur 100, le nombre de palier (le nombre de répétition pour la même température) est égal à 10, le coefficient alpha est égal à 0.94 , la température finale est fixée à 0.1 afin de couvrir au mieux l'espace de recherche ;

3. Pour la recherche tabou, les expérimentations ont montré qu'il est préférable de simuler une liste tabou de taille maximale relativement moyenne (10 éléments), le nombre d'itérations sans amélioration est fixé à 100 ;

4. Pour la procédure de séparation et évaluation, il n'y a aucun paramètre à régler.

L'exécution de ces differents tests est effectuée sur une machine de processeur Pentium IV de fréquence 2.66 GHz dotée de 256 Mo de RAM.

Pour la comparaison des différentes approches, nous allons utiliser les mêmes données : nous générons des valeurs aléatoires suivant une loi uniforme représentant les temps opératoires de chaque produit. Pour tous les essais, nous avons fixé le nombre de machines égal à 6.

Nous lançons ensuite le processus permettant d'exécuter chaque algorithme et nous tenons en compte des trois critères à savoir la valeur retournée (le makespan), le temps mis pour aboutir à ce résultat et finalement la rapidité de convergence vers cette valeur.

3.6.1   Résultats obtenus vis-à-vis du makespan

Nombre de produits	Recuit simulé	Algorithme génétique	Recherche tabou	PSE
5	30	32	30	30
7	33	33	33	33
9	42	42	41	40
10	45	44	44	43
11	48	48	45	45
15	60	61	59	
20	75	80	77	
25	92	99	92	
30	127	130	127	
35	129	128	126	
40	145	147	143	
45	160	162	160	
50	179	185	177	
55	196	194	194	
60	213	217	211	
65	233	230	228	
70	248	250	246	
75	264	266	262	
80	283	285	279	
85	302	301	298	
90	316	318	316	
95	331	337	332	
100	349	349	347	
110	384	390	381	
120	421	420	415	
130	451	460	449	
140	488	485	483	
150	519	520	518	
160	558	555	551	
170	592	595	588	
180	621	625	620	
200	690	694	690	
250	862	862	858	
300	1032	1029	1027	
350	1201	1202	1199	
400	1372	1374	1367	
450	1543	1542	1537	
500	1713	1715	1707	
550	1886	1883	1878	
600	2056	2057	2049	

TABLE 3.6 – *Les valeurs retournées par chaque approche*

D'après le tableau 3.6, pour un nombre de produits assez réduit, la procédure par séparation et évaluation donne le meilleur résultat (la solution optimale). Lorsque le nombre de produits devient grand, nous n'utilisons plus la procédure par séparation et évaluation parce qu'elle nécessite un temps de calcul énorme, les trois autres approches (le recuit simulé, l'algorithme génétique et la recherche tabou) deviennent plus efficaces. Au niveau des valeurs retournées, les trois dernières approches fournissent presque des résultats semblables.

3.6.2 Résultats obtenus vis-à-vis du temps d'exécution

En tenant de compte du temps d'exécution de l'algorithme (en millisecondes) comme un autre critère de comparaison, nous trouvons les valeurs suivants qui figurent dans le tableau 3.7 :

Nombre de produits	Recuit simulé	Algorithme génétique	Recherche tabou	PSE
5	50	30	30	20
7	60	60	40	110
9	50	60	40	5328
10	61	60	40	39036
11	60	60	30	370483
100	190	411	1051	
150	301	661	2624	
200	361	971	5148	
250	501	1312	8943	
300	641	1713	15252	
350	772	2093	22512	
400	932	2563	30544	
450	1181	3164	40028	
500	1312	3655	50793	
550	1552	4226	67738	
600	1763	4917	84892	

TABLE 3.7 – *Le temps d'exécution par chaque approche*

Nous remarquons que le temps d'exécution de la procédure de séparation et évaluation est beaucoup plus important par rapport aux autres méthodes ce qui limite l'utilisation de PSE pour un problème de dimension assez élevé.

Nous constatons aussi que le temps d'exécution du recuit simulé est moins élevé que les deux autres (i.e. la recherche tabou et l'algorithme génétique) pour un nombre de produits important ce qui favorise l'utilisation du recuit simulé.

Nous constatons également que le temps d'exécution pour la recherche tabou est très élevé par rapport aux deux autres approches (le recuit simulé et l'algorithme génétique). En effet, il a été démontré par [Eike 97] que près de 90% du temps de résolution est consommé pour l'évaluation des voisinages.

3.6.3 Résultats obtenus vis-à-vis de la rapidité de convergence

Nous avons fixé ici le nombre de produits égal à 11.

En premier lieu, la figure 3.2 montre que la courbe de la procédure de séparation et évaluation est un segment d'une droite affine décroissante. Cette courbe est tout à fait lo-

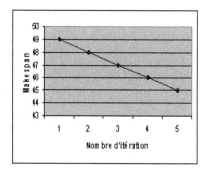

FIGURE 3.2 – Convergence de PSE

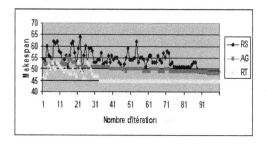

FIGURE 3.3 – Convergence des trois méthodes approchées

gique puisque la première valeur est la solution initiale et à chaque itération, la procédure de séparation et évaluation fournit une solution meilleure que la précédente jusqu'à arriver à la solution optimale qui est la valeur finale.

En deuxième lieu, en se basant sur la Figure 3.3, pour les méthodes approchées, la meilleure solution est toujours sauvegardée mais d'une itération à une autre nous acceptons parfois une solution moins bonne dans le but d'explorer le maximum des solutions et d'éviter un minimum local. Nous constatons que la recherche tabou est la plus rapide en terme de convergence. L'algorithme génétique est à son tour assez stable. En ce qui concerne le recuit simulé, à haute température, la probabilité $e^{-\Delta/T}$ est élevée (proche de 1) ce qui explique l'existence des variations engendrant des nouvelles solutions parfois moins bonnes afin d'exploiter l'espace de recherche le maximum possible. A une température moyenne, l'algorithme accepte parfois, des transformations qui dégradent la solution courante, laissant ainsi au système une chance d'éviter un minimum local. A basse température, la probabilité $e^{-\Delta/T}$ est basse (proche de 0), donc la plupart des mouvements augmentant l'énergie sont rejetées. C'est pour cette raison, nous remarquons que le recuit simulé subit des perturbations principalement au début puis se stabilise à la fin au fur et à mesure que la température diminue et ceci en accord avec le phénomène physique du recuit simulé.

3.6.4 Synthèse de résultats

A partir de ces résultats (la comparaison suivant les trois critères à savoir la valeur retournée (le makespan), le temps mis pour aboutir à ce résultat et finalement la rapidité de convergence vers cette valeur), plusieurs conclusions peuvent émerger.

Si nous fixons comme critère la qualité de la solution retournée, nous optons pour la procédure de séparation et évaluation puisque cette dernière donne la solution optimale.

Si nous considérons le temps mis pour aboutir à la solution, nous constatons que les méthodes approchées (i.e. le recuit simulé, la recherche tabou et l'algorithme génétique) sont beaucoup plus rapides que la procédure de séparation et évaluation. En effet, la complexité (en terme de temps et d'espace mémoire) de la procédure de séparation et évaluation croît d'une manière exponentielle par rapport aux méthodes approchées. Le temps mis par les différentes stratégies pour trouver la solution sont à l'avantage du recuit simulé, car ce dernier utilise des opérations simples.

Si nous étudions la rapidité de convergence vers la solution optimale, nous pouvons conclure que la recherche tabou est plus rapide en terme de convergence que le recuit simulé et l'algorithme génétique.

En conclusion, il est clair que le recuit simulé et la recherche tabou se comportent mieux que les algorithmes génétiques pour la majorité des configurations testées (puisque le recuit simulé est plus rapide que les autres en terme temps de résolution et la recherche tabou est plus stable que les autres en terme convergence vers la meilleure solution).

Nous observons cependant un léger avantage pour la recherche tabou (ce dernier fournit une solution intéressante).

3.7 Conclusion

A travers ce chapitre nous avons présenté le problème d'ordonnancement en production. Nous avons aussi défini les différentes méthodes de résolution de ces problèmes qui se différencient en méthodes exactes et méthodes approchées. En dernier lieu, nous avons présenté les résultats de simulation associés aux différents algorithmes dans un contexte de minimisation du temps total d'exécution des produits. L'étude de ces résultats permet de mettre en évidence les performances de chaque approche.

Chapitre 4

Conclusion générale

Un système manufacturier flexible est un système hautement automatisé dont la configuration est intégrée et comporte des machines à commande numérique, interconnectées par un système automatisé de manutention. Puisque les machines dans un SMF sont dotées d'un grand degré de versatilité et ont la possibilité d'effectuer plusieurs types d'opérations, ceci donne au système la possibilité de produire plusieurs types de produits simultanément.

Dans ce contexte, le défi des systèmes manufacturiers flexibles est apporté par les facteurs suivants :

— Les systèmes ont des cycles de vie courts dus aux besoins en changements constants et la prolifération des nouvelles technologies ;

— Les systèmes sont devenus de plus en plus complexes résultant de la disposition de technologies plus sophistiquées et d'une plus grande intégration des processus ;

— Les systèmes nécessitent une plus haute performance à cause de l'augmentation de la compétition et des exigences des clients.

Tout au long de ce mémoire, nous avons réalisé :

Une étude portant sur les systèmes manufacturiers flexibles : nous avons introduit la notion d'un système manufacturier flexible et présenté une synthèse des travaux d'ordonnancement à base d'agents au sein de ce système.

La conception et la réalisation d'un simulateur de système manufacturier flexible à base d'agents : nous avons présenté l'architecture du simulateur ainsi que l'ensemble de ses composants (les agents), nous avons ensuite défini les comportements et les interactions entre ces différents agents ainsi que l'ensemble des messages transmis et communiqués entre eux tout au long de la simulation. En dernier lieu, nous avons testé les performances de notre simulateur en augmentant progressivement d'une part la vitesse des véhicules, d'autre part la durée opératoire des machines et en fixant comme critère de performance le nombre de pièces produites.

Une étude comparative entre différentes approches d'ordonnancement : nous avons testé l'efficacité d'une approche par séparation et évaluation, d'un algorithme de descente, d'un algorithme de recuit simulé, d'un algorithme de recherche tabou et d'un algorithme génétique. Nous avons mis en évidence des dépendances entre la qualité de la solution, le temps de résolution et la rapidité de convergence. Nous avons toutefois pu constater que quelle que soit la nature de la méthode approchée, les résultats fournis conduisent à de bonnes solutions.

A l'issue de ce travail, plusieurs améliorations possibles de l'outil SimMAV nous semblent judicieuses :

— La majorité des agents implémentés sont réactifs. Il serait plus intéressant d'avoir des agents cognitifs afin d'assurer l'intelligence au simulateur ;

— La prise en compte des événements aléatoires tels que les pannes, les temps de montage et de démontage modélisés par des variables aléatoires ;

— Le simulateur nous permet seulement d'évaluer des solutions mais n'en produit pas d'autres plus performantes. Ainsi, pour que le décideur puisse implanter les bons paramètres (tels que la vitesse des véhicules, la durée opératoire des machines) dans son système il doit comparer plusieurs configurations à l'aide du simulateur mais cette pratique peut être très coûteuse en terme de temps d'exécution et elle est peu concluante. Il serait plus utile de rendre cet outil capable de générer de bonnes solutions.

Bibliographie

[Aydi 04] Aydin M.E. and Fogarty T.C., "A simulated annealing algorithm for multi-agent systems : a job-shop scheduling application", Journal of Intelligent Manufacturing, Volume 15, Pages 805-814, 2004.

[Bapt 97] Baptiste P. and Hguny L.K., "A branch and bound algorithm for the F/no-idle/Cmax", Proceedings of the International Conference on Industrial Engineering and Production Management (IPEM'97), Volume 1, Pages 429-438, 1997.

[Baue 04] Bauer B. and Odell J., "UML 2.0 and agents : how to build agent-based systems with the new UML standard", Engineering Applications of Artificial Intelligence, 2004.

[Beas 02] Beasley J.E., "Population Heuristics", in Handbook of Applied Optimization, P.M. Pardalos and M.G.C. Resende (eds), Oxford University Press, New York, Pages 138-156, 2002.

[Beck 05] Becker R., Lesser V. and Zilberstein S., "Analyzing Myopic Approaches for Multi-Agent Communication", In Proceedings of the 2005 IEEE/WIC/ACM International Conference on Intelligent Agent Technology (IAT 05), pages 550-557, Compiegne, France. IEEE Computer Society, 2005.

[Berg 01] Bergenti F. and Poggi A., " Agent-oriented Software Construction with UML ", Université degli Studi de Parme, Italie, 2001.

[Bray 01] Braysy O. and Gendreau M., "Metaheuristics for the Vehicle Routing Problem with Time Windows", SINTEF Report STF42 A01025, Oslo, Norway, 2001.

[Bocc 04] Boccalatte A., Gozzi A., Paolucci M., Queirolo V. and Tamoglia M., "A multi-agent system for dynamic just-in-time manufacturing production scheduling", In : IEEE International Conference on Systems, Man and Cybernetics, Volume 6, Issue 6, Pages 5548-5553, 2004.

[Bois 01] Boissier O., "Modèles et architectures d'agents", dans BRIOT, J.P. et DEMA-ZEAU, Y., Principes et architecture des systèmes multi-agents, Hermès, 2001.

[Bous 02] Bousquet F., Le Page C. et Muller J.P., "Modélisation et simulation multiagent", Actes des deuxièmes assises du GRDI3 (CNRS), 2002.

[Cari 04] Caridi M. and Cavalieri S., "Multi-agent systems in production planning and control : an overview", Production Planning and Control, Volume 15, Issue 2, Pages 106-118, 2004.

[Chee 05] Cheeseman M.J., Swann P., Hesketh G.B. and Barnes S. "Adaptive manufacturing scheduling : a flexible and configurable agent-based prototype", Production Planning and Control, Volume 16, Issue 5, Pages 479-487, 2005.

[Chu 95] Chu C., Proth J.M., and Sethi S.P., "Heuristic procedures for minimizing makespan and the number of required pallets", European Journal of Operational Research, 1995.

[Chu 96] Chu C. and Proth J.M., "L'ordonnacement et ses applications", Masson, Paris, Pages 33-35, 1996.

[Cowl 04] Cowling P.I., Ouelhadj D. and Petrovic S., "Dynamic scheduling of steel casting and milling using multi-agents", Production Planning and Control, Volume 15, Issue 2, Pages 178-188, 2004.

[Dann 77] Dannenbring D. G., "An evaluation of flow shop sequencing heuristics", Management Science, Volume 23, Issue 11, Pages 1174-1182, 1977.

[Eike 97] Eikelder T., Aarts B. J. M., Verhoeven M. G. A. and Aarts E.H.L., "Sequential and Parallel Local Search Algorithms for Job Shop Scheduling", MIC'97 Proceedings of the 2nd International Conference on Meta-heuristics, Sophia-Antipolis, France, Pages 75-80, 21-24 July, 1997.

[Ferb 95] Ferber J. "Les Systèmes Multi-Agents, vers une intelligence collective", Inter-Editions, 1995.

[FIPA] FIPA http ://www.fipa.org, dernière visite 11-08-2007.

[Fisc 95] Fischer K., Müller J. P. and Pischel M., "A Model for Cooperative Transportation Scheduling", In Proceedings of the 1st International Conference on Multiagent Systems (IC-MAS'95), San Francisco, June 1995.

[Fisc 99] Fischer K., Chaib-Draa B., Muller J., Pischel M. and Gerber C., "A simultation approach based on negotitation and cooperation between agents : a case study.", IEEE Transactions on systems, man and cybernetics, février 1999.

[Kirk 83] Kirkpatrick S., "Optimization by Simulated Annealing ", Science 220, Pages 671-680, 1983.

[Gend 03] Gendreau M., "An Introduction to Tabu Search", forthcoming in Handbook of Metaheuristics, F. Glover and G. Kochenberger (eds), Kluwer, 2003.

[Goth 93] Gotha "Les problèmes d'ordonnancement", RAIRO- recherche opérationnelle / Operation research, Volume 27, Issue 1, 1993.

[Grie 01] Grieco A., Semeraro Q. and Tolio T., "A review of different approaches to the FMS loading problems", Int J Flexible Manuf Systems, Volume 3, Issue 4, Pages 361-384, 2001.

[Henr 88] Henrikson J.O., "GPSS/H User's Manuel", 3rd ed. Wolverine Software Corporation, Virginia, 1988.

[JADE] JADE http ://sharon.cselt.it/projects/jade, dernière visite 18-09-2007.

[John 54] Johnson S.M., "Optimal two and three stage production schedules with setup times included", Naval Research Quarterly, Volume 1, Pages 61-68, 1954.

[Lour 03] Lourenco H., Martin O., and Stutzle T., "Iterated local search", In F. Glover and G. Kochenberger, editors, Handbook of metaheuristics. Kluwer, 2003.

[Luci 02] Lucidarme P., Liégeois A., Vercher J.L. and Bootsma R., "Un algorithme évolutionniste pour l'auto-apprentissage de groupes de robots mobiles autonomes", Proc. NSI 2002 (CD ROM), La Londe des Maures, Article 56, Session Modèle 2, 2002.

[Mats 01] Matsui M., Uehara S. and Ma J., "Performance evaluation of flexible manufacturing systems with finite local buffers : fixed and dynamic routings", Int J Flexible Manuf Systems , Volume 13, Issue 4, Pages 405-424, 2001.

[Meun 00] Meunier H. and Talbi E.G., "Paysages de problèmes d'optimisation multiobjectifs et performances des métaheuristiques", Technical report, Rapport CNET (France Telecom), Belfort, 2000.

[Mour 99] Moursli O., "Scheduling the hybrid flow shop : branch and bound algorithm", Thèse de doctorat, Université Catholique de Lousan, Belgique 1999.

[Moya 00] MoyauxT., "Spécification de comportements d'agents dans un système multi-agents", Mémoire de DEA, Université d'Aix-Marseille III, 2000.

[Nawa 83] Nawaz M., Enscore E.E. and Ham I., "A heuristic algorithm for the m-machine, n-job flowshop scheduling problem", Omega, Volume 11, Pages 91-95, 1983.

[Odel 01] Odell J., Parunak H.V.D. and Bauer B., "Representing agent interaction protocols in UML", Proceedings of the First International Workshop on Agent-Oriented Software Engineering, CIANCARINI, P. and WOOLDRIDGE, M. (Eds), 2001.

[Otta 00] Ottaway T.A. and Burns J.R., "An adaptive production control system utilizing agent technology", International Journal of Production Research, Volume 38 , Issue 4, Pages 721-737, 2000.

[PAP 82] PAPADIMITRIOU C.H. and STEIGLITZ K., "Combinatorial optimization - algorithms and complexity", Prentice Hall, 1982.

[Paul 98] Paulo S. and Carlos R., "Dynamic scheduling holon for manufacturing orders", Journal of Intelligent Manufacturing, Volume 9, Issue 2, Pages 107-112, 1998.

[Pedg 82] Pedgen C., "Introduction to SIMAN", Syst. Model Corporation, state college, Penn., 1982.

[Poti 84] Potier D., "QNAP : new user's introduction to QNAP2", Rapport technique nf40, INRIA, 1984.

[Prit 79] Pritsker A. and Pedgen C., "Introduction to simulation and SLAM", John WILEY Publishers, 1979.

[Rabe 99] Rabelo R.J., Camarinha-Matos L.M. and Afsarmanesh H., "Multiagent-based agile scheduling", Robotics and Autonomous Systems, Volume 27, Pages 15-28, 1999.

[Ree 93] C.R. REEVES (Ed.), "Modern heuristic techniques for combinatorial problems", Blackwell Scientific Publications, Oxford, 1993.

[Roda 88] Rodammer F.A. and Preston White K., "A recent survey of production scheduling", IEEE Transaction systems, man and cybernetics, Volume 6, Issue 18, 1988.

[Ruiz 05] Ruiz R. and Maroto C., "A comprehensive review and evaluation of permutation flowshop heuristics", European Journal of Operational Research, Volume 165, Issue 2, Pages 479-494, 2005.

[Ruiz 06] Ruiz R., Maroto C. and Alcaraz J., "Two new robust genetic algorithms for the flowshop scheduling problem", OMEGA, The International Journal of Management Science, Volume 34, Pages 461-476, 2006.

[Saad 97] Saad A., Kawamura K. and Biswas G., "Performance evaluation of contract net-based heterarchical scheduling for flexible manufacturing systems", Intelligent Autonomous and Soft Computing, Volume 3, Issue 3, Pages 229-248, 1997.

[Shen 00] Shen W., Maturana F. and Norrie D., "Metaphor II : an agent-based architecture for distributed intelligent design and manufacturing", Journal of Intelligent Manufacturing, Volume 11, Issue 3, Pages 237-251, 2000.

[Shen 06] Shen W. "Distributed manufacturing scheduling using intelligent agents", IEEE Intelligent Systems and their Applications, Volume 17, Issue 1, Pages 88-94, 2006.

www.ingramcontent.com/pod-product-compliance
Lightning Source LLC
LaVergne TN
LVHW042344060326
832902LV00006B/368